어린이를 위한 안전 동화

재난에서 살아남는 10가지 방법

지은이의 말

위험이 닥쳐도
슬기롭게 극복해요

 오늘 여러분의 하루는 어땠나요? 사랑하는 가족과 맛있는 식사를 하고 학교에서 공부도 했을 거예요. 친구들과 함께 놀기도 하고요. 그런데 어떤 사람들에게는 이런 평범한 일상이 더 이상 당연한 일이 아닐 수 있어요. 폭우로 집이 물에 잠겼다거나 화재로 누군가 목숨을 잃었다는 소식을 뉴스에서 들은 적이 있지요?

 재난은 더 이상 남의 불행만이 아니에요. 이웃 나라에서만 일어나는 줄 알았던 지진이 얼마 전 우리나라에서도 발생했어요. 태풍이나 홍수 같은 자연 재해는 거의 해마다 일어나요. 백화점과 다리가 무너지고, 거대한 여객선이 침몰한 참사는 온 국민에게 깊은 상처를 남긴 인재 사고이지요.

 이들은 자신에게 그런 일들이 닥치리라고 예상했을까요? 재난은 언제든지 우리의 일상을 무너뜨릴 수 있어요. 어른이든 어린이든 상관없이 누구나에게 일어날 수 있는 일이에요.

위급한 상황에 처한다면 어린이는 무엇을 할 수 있을까요? 그럴 땐 스스로를 지켜야 해요. 당황해서 제대로 대처하지 못하거나 무작정 구조를 기다리다가는 돌이킬 수 없는 상황에 빠질 수도 있어요.

　그렇다면 재난에 어떻게 대처할 수 있을까요? 가장 좋은 방법은 전문가의 도움을 받아 실제로 대피 훈련을 하거나 재난별 대처법을 익혀 두는 것이지요. 도움이 될 만한 자료를 보고 유용한 정보가 담긴 책도 읽어 두면 좋아요. 정확하고 빠르게 대응하면 스스로를 지키고 피해를 줄일 수 있어요. 다른 사람의 생명도 구하게 될지 몰라요.

　이 책에는 재난에 능동적으로 대처하는 어린이들의 이야기 열 편을 담았어요. 주인공들은 저마다 처지나 상황이 달라요. 하지만 스스로와 주변 사람을 지키기 위해 끊임없이 노력하고 위험을 극복해 나가요. 주인공이 처한 상황에 공감하고 함께 어려움을 헤쳐 나가는 상상을 해 봐요. 재난에 제대로 대처하고 스스로를 지킬 수 있는 방법을 터득할 수 있다면 더없이 좋고요.

　여러분은 예상치 못한 어려움을 겪게 되더라도 슬기롭게 극복하는 어린이가 꼭 될 거라고 믿어요.

차례

지은이의 말 4

쓰러진 책장 - *지진* 8
이것만은 기억해요 지진이 났을 때 살아남는 방법 20

비에 젖은 작은 별 - *태풍* 22
이것만은 기억해요 태풍이 왔을 때 살아남는 방법 34

하얀 세상에 갇히다 - *폭설* 36
이것만은 기억해요 폭설이 왔을 때 살아남는 방법 48

뜨거운 태양 아래 - *폭염* 50
이것만은 기억해요 폭염이 왔을 때 살아남는 방법 62

병원 가는 길 - *바이러스 감염* 64
이것만은 기억해요 바이러스에 감염됐을 때 살아남는 방법 76

자욱한 연기 속에서 - 화재 78
이것만은 기억해요 불이 났을 때 살아남는 방법 90

산속에서 길을 잃다 - 조난 92
이것만은 기억해요 산에서 길을 잃었을 때 살아남는 방법 104

움직이는 마트 - 건물 붕괴 106
이것만은 기억해요 건물이 무너졌을 때 살아남는 방법 118

모든 빛이 사라진 밤 - 블랙아웃 120
이것만은 기억해요 대규모 정전이 일어났을 때 살아남는 방법 132

배가 기우뚱! - 해양 사고 134
이것만은 기억해요 배가 침몰할 때 살아남는 방법 146

직접 경험해 볼까요?

재난을 겪어 보고 대처법을 배우는 안전 체험관 148

쓰러진 책장

"지아야. 냉장고에 카레 넣어 놨으니까 이따 저녁 때 진아랑 데워 먹어. 과자는 딱 한 봉지만 먹고. 학원 숙제도 꼭 해. 알았지?"

"네, 오늘 언제 오세요?"

"저녁 먹고 올 거야. 아빠도 회사 일 때문에 늦는다네? 우리 딸 미안해. 개교기념일인데 엄마 아빠가 일이 많네. 대신 이번 주말에 꼭 놀러 가자. 그럼 다녀올게!"

엄마는 손을 흔든 뒤 문을 쾅 닫고 나갔다. 현관문 앞에 서 있던 지아는 오른편으로 고개를 돌렸다. 활짝 열린 방문 너머로 진아가 책상 앞에 앉아 있는 모습이 눈에 들어왔다. 진아는 깁스를 한 다른 쪽 발을 등받이 없는 의자에 올려놨다.

지아는 진아에게 무슨 말을 하려다 말고 부엌으로 갔다.

"과자 먹으면서 웹툰 봐야지!"

지아는 부엌에서 가장 작은 서랍장을 열었다. 과자와 라면 봉지들이 칸칸이 들어차 있었다. 지아는 그중에서 초코 쿠키를 꺼내 식탁으로 가져갔다. 의자에 앉아 봉지를 뜯으니 초코 향이 물씬 풍겼다.

그때, 갑자기 의자가 양옆으로 흔들거렸다. 지아는 자신도 모르게 의자를 꼭 붙들었다. 천장에 달려 있는 등불이 그네처럼 포물선을 그렸다. 식탁 위에 놓였던 봉지가 떨어지고, 쓰레기통이 넘어져 휴지 조각들이 굴러다녔다. 의자만 그런 게 아니라 집 안 전체가 요동쳤다.

"으아악! 설마 지, 지진?"

지아는 문득 지난주 학교에서 안전 교육 시간에 배운 게 떠올랐다. 지아는 재빨리 식탁 밑으로 기어 들어갔다. 옷을 머리까지 끌어당기고 몸을 바닥으로 바싹 웅크렸다.

"꺄악! 어떡해, 무서워!"

진아 방에서 자지러지게 우는 소리가 거실까지 들려왔다. 지아는 고개를 땅바닥으로 향한 채 진아를 마구 불렀다.

"이, 이진아! 책상 밑! 빨리!"

지아는 말이 제대로 나오지 않았다. 목구멍이 꽉 막힌 듯했다. 싱크대 근처에서 유리 접시들이 와장창 하며 깨졌다. 지아는 진아를 계속 불렀다.

"머리를 손으로 감싸! 책상 밑에서 가만히 있어!"

거인이 집 전체를 마구 뒤흔드는 것만 같았다. 지아는 눈을 꼭 감고 두 손으로 머리를 감쌌다. 온몸이 오들오들 떨렸다. 학교에서 봤던 지진 영상과 현실은 너무나 달랐다.

얼마 뒤, 천둥이 치는 듯했던 집 안이 잠잠해졌다. 그제야 지아는 눈을 뜨고 고개를 천천히 들었다. 부엌 바닥은 유리 그릇 파편과 젓가락들로 난장판이 되었다. 거실엔 소파에 얌전히 놓여 있던 쿠션들이 제멋대로 나동그라졌다. 거기다 진아 방에서는 울음소리가 들려왔다.

'하아, 어떡하지?'

지아는 이 상황이 막막하기만 했다. 우선 진아를 달래 줄 자신이 없었다. 지아는 진아랑 제대로 대화를 나눠 본 일이 거의 없다. 진아가 1년 전 교통사고를 당한 뒤부터 그랬다. 그때 진아는 다리를 크게 다쳐 반년 넘게 병원에 입원해 있었다. 집으로 돌아와도 계속 병원을 오가며 재활 치료를 받았다. 그동안 지아는 학교와 학원을 다니느라 진아와 마주칠 일이 없었다. 이따금 가족끼리 한 식탁에 앉으면 지아는 진아가 무척 낯설었다.

지아는 계속 몸이 떨렸다. 문득 안전 교육 시간에 선생님이 연거푸 강조했던 말이 떠올랐다.

"재난 상황에서는 쉽게 놀라기 마련이에요. 그럴 땐 숨을 깊게 들이마시면 도움이 된답니다."

지아는 식탁 밖으로 기어 나와서 크게 심호흡을 했다. 그랬더니 떨리던 몸이 조금 나아지는 기분이었다.

"으와아아앙! 으으어엄마, 엄마아……."

이제 진아는 자지러지듯 울었다. 달리 생각할 시간도 없이 지아는 진아의 방으로 달려갔다.

진아는 컴퓨터 책상 밑에 들어가 머리를 손으로 감싸 쥐고 있었다. 깁스를 한 다리 주변으로 공책들이 어지럽게 펼쳐져 있었다. 지아는 마음 같아선 당장 진아에게 달려가 손을 꼭 잡아 주고 싶었다. 하지만 막상 몸이 움직이지 않았.

지아가 멀찌감치 서서 물었다.

"이진아, 다친 데는 없어? 이제 지진 멈췄어."

그러자 진아가 서서히 고개를 들었다. 얼굴이 눈물범벅이었다.

"진짜?"

"응, 다리는 괜찮아?"

"으응……. 아프지는 않아."

"알겠어. 거기 잠깐만 있어."

"어, 어디 가는데?"

"플러그 뽑으러. 지진이 나면 불이 나지 않게 집 안에 있는 플러그를 전부 뽑아야 한댔어."

지아는 현관으로 가서 운동화를 신고 그대로 성큼성큼 거실 바닥을 밟았다. 신발을 신고 집 안을 돌아다니려니까 어색했다. 하지만 지진이 나면 떨어진 물건 때문에 발을 다칠 수 있으니 신발을 신으라던 선생님 말이 떠올랐다.

'엄마도 이해해 주실 거야.'

지아는 부엌으로 갔다. 다행히 가스 밸브는 잠겨 있었다. 지아는 정수기 플러그를 뽑았다. 그리고 거실 텔레비전, 안방과 자기 방에 있는 플러그까지 모두 뽑았다.

다 하고 나니 조금 뿌듯한 기분이 들었다. 그때 진아가 지아를 크게 불렀다.

"언니, 어디 있어?"

"어, 지금 갈게!"

진아가 조금 귀찮기도 했지만, 지아는 빠른 걸음으로 진아 방에 들어갔다.

방문 옆에 있는 책장은 한쪽 모서리가 비스듬히 삐져나와 있었다. 지아보다 한 뼘 정도 큰 책장엔 책들이 듬성듬성 꽂혀 있었다. 일부는 바닥에 떨어져 제멋대로 펼쳐져 있었다.

지아가 다가가자 진아는 언니의 옷자락을 꼭 쥐었다. 진아의 손이 땀에 젖어 축축했다.

"엄마한테 전화해 봐. 엄마 언제 온대?"

"지금 연락해 볼게."

지아는 휴대폰을 꺼내 엄마에게 전화를 걸었다. 하지만 엄마가 받기도 전에 전화가 계속 끊겼다.

"어? 왜 그러지?"

문자를 보내도 마찬가지였다. 휴대폰이 먹통이 되어 버렸다. 지아는 가슴이 철렁 내려앉았다.

"휴대폰 안 돼? 엄마한테 연락도 안 되는 거야?"

옆에서 진아가 촉촉해진 눈으로 지아의 팔을 붙들었다. 진아는 집에 온 뒤로 엄마에게 껌 딱지처럼 붙어 있었다. 진아의 눈빛을 보자 지아는 마음이 단단해졌다.

"오늘 반드시 오신댔어. 걱정 마. 조금 있으면 엄마 아빠에게 연락이 올 거야."

지아는 진아의 손을 꼭 잡았다.

그때 갑자기 쿵 소리가 나면서 온 집 안이 들썩거리기 시작했다.

"꺄아아악!"

진아가 비명을 지르며 지아의 품에 안겼다. 지아는 진아를 데리고 책상 밑으로 몸을 수그렸다. 진아의 발이 다치지 않게 한쪽 발을 벽 구석으로 밀어 두었다. 지아는 한쪽 팔로 진아를 끌어안고 다른 쪽 팔로 자기 머리를 감쌌다.

아까보다 접시 깨지는 소리가 더 요란했다. 방 안에서 우지끈 하는 소리와 와장창 하는 소리들이 시끄럽게 돌아다녔다. 무엇보다도 몸이 계속 양옆으로 흔들거려서 속이 메스꺼웠다. 지아는 엄마 아빠가 보고 싶어져서 진아를 더 끌어안았다.

언제 그랬냐는 듯 집 안은 다시 고요해졌다. 지아는 슬며시 고개를 들었다. 방바닥은 책과 옷가지들로 난장판이 되어 있었다.

모서리만 삐져나왔던 책장은 완전히 넘어져서 문 앞을 가로막았다. 누워 있는 것처럼 앞으로 쓰러져서, 그 안에 있는 책들이 찢어졌는지 멀쩡한지 보이지 않았다. 책장 여기저기엔 금이 나 있었다.

진아도 진정이 되었는지 고개를 내밀고 밖을 내다보았다.

"언니, 책장이 넘어졌어! 어떡해? 우리 갇힌 거야?"

"아니야, 저 정도는 거뜬히 넘을 수 있어."

"그럼, 난……? 히끅, 나는 못 넘잖아. 엄마랑 연락도 안 되는데, 끅, 여기 갇힌 거야……?"

진아가 딸꾹질까지 하면서 눈물을 펑펑 쏟았다. 지아는 방금까지만 해도 울고 싶었는데 진아를 보자 눈물이 쏙 들어갔다.

"걱정하지 마. 언니가 꼭 데리고 나갈게. 지갑이랑 가방 챙겨서 금방 올게."

지아는 진아의 등을 토닥인 다음 몸을 일으켰다. 다행히 책장은 낮았다. 키가 큰 지아가 다리를 죽 벌리면 넘어갈 만했다.

거실로 나오니 가지런히 서 있던 화분이 넘어져 흙투성이가 되었다. 도둑이 온 집 안을 헤집고 나간 듯했다.

지아는 자기 방으로 들어갔다. 3단 서랍장 문이 제멋대로 열려 있었다. 맨 아래 서랍은 통째로 나와 옷가지가 나뒹굴었다. 지아는 빈 가방 안에 웃옷과 지갑을 챙기고,

모자를 꺼내 푹 눌러썼다.

그런 다음 부엌으로 갔다. 싱크대엔 그나마 남아 있던 접시들마저 모두 깨져 있었다. 걸을 때마다 유리 조각이 버석거렸다. 지아는 서랍장을 열어 집히는 대로 과자 봉지를 가방 안에 집어넣고 진아 방으로 들어왔다.

진아가 지아를 보자 빙긋 웃었다. 지아는 가져온 옷을 진아의 머리에 둘둘 말았다.

"머리를 감싸 줄게. 지진이 날 땐 머리를 보호해야 한댔어. 얼른 나가자. 책장을 넘어가도록 언니가 도와줄게, 알겠지?"

"으응."

지아는 앞으로 책가방을 메고 등에 진아를 업었다. 다리가 후들거리고 이마에서 땀 한 방울이 흘렀다.

'어떻게든 같이 나가야지! 난 할 수 있을 거야.'

지아는 한 걸음씩 발을 옮겼다. 책장 앞에서 한쪽 다리를 길게 뻗어 책장을 넘었다. 그런데 바닥에 뭔가 떨어져 있었는지 발을 헛디뎠다.

"으앗!"

하마터면 중심을 잃을 뻔했다. 지아는 양팔로 벽을 짚고서 숨을 고르고 뒷발을 천천히 앞으로 뻗었다. 책장 하나 넘었을 뿐인데 땀이 뻘뻘 났다.

지아가 조심스레 진아를 내려 주었다. 진아는 간신히 현관문 앞에 앉았다.

"진아야, 잠깐만."

지아는 신발장에서 진아의 운동화를 꺼냈다. 운동화가 자기 손바닥보다 조금 더 컸다. 지아는 진아의 한쪽 발을 들어 신발을 신겨 주었다. 진아는 잠자코 있다가 말을 꺼냈다.

"언니가 꼭 엄마 같아."

"뭐? 엄마는 무슨, 이따 엄마 오니까 그런 줄 알아."

지아는 갑자기 얼굴이 달아올라 아무렇게나 말을 내뱉었다. 진아는 언제 울었냐는 듯 생글생글 웃으며 언니의 손을 꼭 잡고 일어났다. 지아는 한쪽 팔로 진아를 꼭 붙들고 현관문을 나섰다.

평소엔 한적하기만 했던 계단에 끊임없이 사람들이 내려가고 있었다. 덩치 큰 아저씨의 등에 업힌 할머니, 휴대폰만 들고 후다닥 뛰다시피 내려가는 언니, 엄마 손에 이끌려 가는 또래 친구들이 연이어 계단 아래로 내려갔다. 아파트에 사는 모든 사람들이 계단을 쓰는 듯했다.

"언니, 여기가 4층이라서 다행이다, 그치?"

"응, 얼른 가자."

지아는 진아를 부축해 한 계단씩 천천히 내려갔다. 낮은 소리로 중얼거리던 할아버지 빼고는 다들 조용히 지아와 진아 옆을 피해 갔다. 지아와 진아가 1층에 다다를 때쯤 계단을 내려오는 사람은 없었다.

아파트 건물 밖에는 사람들이 모여 있었다. 건너편에 있는 화장품 가게는 유리창이 통째로 깨져 시멘트 바닥이 유리 조각들로 반짝였다. 2층에 동그랗게 붙어 있던 '유명마트' 간판은 바닥으로 곤두박질쳐서 도로 한가운데에 파편이 흩어져 있었다.

지아는 온몸이 땀으로 흠뻑 젖어 한쪽 손으로 부채질을 했다. 진아가 옆에서 지아에게 물었다.

"언니, 사람들이 왜 여기 다 모여 있어?"

"큰 지진이 나면 그보다 작은 지진이 또 오는데, 그게 언제 올지 모르거든."

"그러면 우리는 어디로 가야 해?"

"일단은 넓은 공터로 가는 게 좋아. 담벼락이나 전봇대는 나중에 무너질 수 있어서 위험하거든."

"그렇구나, 언니는 모르는 게 없구나!"

진아가 눈을 반짝이며 언니를 바라봤다. 지아는 안전 교육을 잘 들어 놔서 천만다행이라고 생각했다. 그런데 어디선가 갑자기 웅 소리가 나며 몸에서 진동이 느껴졌다.

"으아악!"

지아는 화들짝 놀라서 자칫하면 넘어질 뻔했다. 작은 진동은 주머니에서만 울렸다. 지아는 떨리는 가슴을 쓸어내리며 주머니에서 휴대폰을 꺼냈다. 문자 메시지가 20통이 넘게 와 있었다. 절반 이상은 아빠와 엄마가 보냈고, 나머지는 학교 친구들과 고모와 삼촌에게서 온 것이었다.

그때 전화가 울렸다. 엄마였다.

"진아야, 엄마 전화야!"

"정말? 나부터 바꿔 줘!"

진아는 지아 손에서 휴대폰을 빼앗다시피 받아들었다.

"엄마! 으응, 언니가 많이 도와줬어. 우리 아파트 밖으로 나왔어! ……응, 잠깐만."

진아는 한참 엄마에게 종알거리다가 마지못해 전화를 지아에게 건네줬다.

"엄마?"

"지아야! 진아 데리고 나왔다며? 우리 지아 다 컸네. 몸은 괜찮고?"

"응, 괜찮아……."

이런저런 생각들이 파도처럼 밀려왔다. 지아는 자꾸만 눈물이 나와서 말을 잇지 못했다.

"언니 울어?"

진아의 물음에 지아는 정신이 번쩍 들었다. 소매로 눈물을 훔쳐 냈다.

"아니, 언니 안 울어."

지아는 '언니'라는 말이 좋았다. 마음속에서 힘이 솟는 기분이었다. 전화기 너머로 엄마가 지아를 재차 부르는 소리가 들려왔다.

이것만은 기억해요

지진이 났을 때 살아남는 방법

지진은 왜 일어날까요?

진아: 언니, 이렇게 무시무시한 지진은 왜 일어나는 거야?

지아: 땅이 끊임없이 움직이고 있기 때문이야. 우리가 사는 땅은 잠잠하지? 하지만 아주 깊숙한 곳에 있는 암석들은 계속 힘을 받고 있어. 마그마가 땅을 뚫고 올라오려고 하거나 맨틀이 계속 움직이거든. 어느 날, 이 힘이 갑자기 세지면 지층(암석의 여러 층)이 깨지고 땅이 흔들려. 그러면 진동이 아주 먼 곳까지 퍼져서 지진을 일으키는 거야. 이때 맨 처음으로 힘이 발생한 곳을 '진원'이라고 불러. 그리고 진원 바로 위의 땅 표면을 '진앙'이라고 하지.

진아: 음, 알 것 같기도 하고 모르는 것 같기도 해.

지아: 나뭇가지를 두 손으로 양쪽 끝을 잡고 부러뜨린다고 생각해 봐. 처음에는 활처럼 위로 휠 거야. 그러다 계속 힘을 주면 딱 소리를 내며 부러지지? 그 순간, 손은 미세하게 떨리고 말이야. 그 떨림이 지진이라고 생각하면 돼.

규모? 진도? 그게 뭐예요?

진아: 뉴스를 보면 헷갈려. 규모가 몇이라느니, 진도가 어떻다느니 얘기를 하는데 먼지 모르겠어.

지아: 우선 '진도'는 지진이 일어났을 때 사람이 느끼는 정도나 건물이 피해를 입는 정도를 수치로 나타낸 거야. 1902년 지진학자인 주세페 메르칼리가 처음 개념을 만들었지. 그런데 진도는 나라마다 기준이 조금씩 달라. 사람이 느끼는 정도가 지역마다 다르기 때문이야. 미국은 12단계로 나뉘는 수정 메르칼리 진도(MM) 계급을, 일본은 일본 기상청(JMA) 진도를 사용해. 우리나라는 일본 기상청 진도를 쓰다가 2001년 수정 메르칼리 진도로 바꿨어.

진아: 나라마다 다르면 헷갈리지 않을까?

지아: 그래서 '규모'를 사용하는 거야. 규모는 지진이 일어날 때 발생하는 에너지의 크기 자체를 뜻해. 전 세계 어느 곳에서 지진이 일어나도 수치가 같지. 1935년 미국의 지진학자 리히터가 만들어서 '리히터 규모'라고도 불러.

지진이 나면 이렇게 대처해요

지아: 진아야, 그거 아니? 내가 어디에 있느냐에 따라 지진에 대처하는 방법이 달라.

진아: 정말?

지아: 응. 큰 지진은 1~2분 정도밖에 걸리지 않아. 그때 몸을 보호하는 게 제일 중요해. 우선 건물 안에 있을 때는 책상이나 탁자 밑으로 들어가서 납작 엎드려야 해. 머리 위로 물건이 떨어지면 크게 다치니까. 머리는 방석 같은 두툼한 천으로 감싸는 게 좋지. 지진이 멈추면 집 안의 모든 가스 밸브를 잠그고 전기 퓨즈를 뽑아야 해. 지진 때문에 충격을 받아 불이 나면 큰일 나니까. 또 현관문은 열어 두는 게 좋아. 나중에 지진이 다시 일어났을 때 건물이 무너져서 현관문이 열리지 않을 수도 있거든.

진아: 그래서 언니가 지진이 나고서 플러그를 뽑은 거구나! 그럼 책상이나 탁자가 없는 실내에선 어떡해? 극장이나 엘리베이터에 있을 때 지진이 날 수도 있잖아.

지아: 엘리베이터에 있을 때 지진이 나면 엘리베이터의 모든 층을 눌러 가장 가까운 층에서 내려야 해. 엘리베이터 안은 위험하니까. 만약 문이 열리지 않는다면 안내 버튼을 눌러서 상황을 얘기하고. 극장이나 백화점, 마트 같은 곳에서는 직원들의 안내를 따르는 게 좋아. 사람들이 많으니까 안내자의 말대로 따라 해야 여러 사람이 신속하게 움직일 수 있어.

진아: 그럼 밖에 있을 때 지진이 나면?

지아: 우선 담벼락이나 전봇대 근처에 있으면 안 돼. 금방 무너질 수 있거든. 되도록 지진이 일어나는 도중에는 건물로부터 멀리 떨어진 곳이 안전해. 가방이나 손으로 머리를 보호하고, 넓은 공터로 가는 게 좋아.

비에 젖은 작은 별

"민수야, 오늘 올 거지?"

"뭐라고? 잘 안 들려."

"오늘 우리 집 놀러 올 거냐고오!"

미래는 고개를 돌려 우산을 눌러쓴 민수에게 큰 소리로 말했다. 세차게 내리는 빗소리에 미래의 목소리가 파묻혔다. 우산을 썼는데도 바지가 무릎께까지 젖었고 운동화는 걸을 때마다 찰박거렸다.

민수는 대답 대신 우산을 위아래로 흔들었다. 미래는 입 꼬리가 절로 올라갔다.

곧 두 갈래 길이 나왔다. 미래가 목청을 높여 인사했다.

"그럼 이따 봐!"

미래는 왼쪽 골목길 안으로 걸어갔다. 뛰고 싶은 마음이 굴뚝같았지만 꾹 참았다.

이런 빗길을 달리면 미끄러질 게 뻔했다.

아파트 안으로 들어가고 나서야 주위가 고요해졌다. 미래는 101호 문을 열고 들어갔다. 뉴스를 보던 엄마가 고개를 돌렸다.

"어머, 옷이 다 젖었네. 너 우산 쓰고 온 거 맞아? 오늘 태풍 온다고 우산 챙기라고 했잖아."

"엄마, 우산 쓴 게 이 정도야. 오늘 비 장난 아니야. 아, 이따 민수 놀러 온대. 피아노 산 거 구경시켜 주기로 했어."

"이런 날에? 하긴, 왕자님이니까 태풍도 뚫고 오시겠지."

"아, 엄마!"

미래는 엄마에게 뭐라고 대꾸하려다 말고 방으로 들어갔다. 옷옷도 벗지 않고 피아노 앞에 앉았다. 마음이 급했다. 오늘 민수에게 '작은 별'을 들려주려면 조금이라도 더 연습해야 했다.

미래는 피아노 뚜껑을 열고 작은 별을 치기 시작했다. 그런데 그때였다.

꾸르릉! 꽈광!

천둥소리가 부드러운 피아노 소리를 뚫고 방 안으로 퍼졌다. 미래는 흠칫 놀라 손가락을 멈추었다. 이토록 큰 천둥소리는 태어나서 처음 들었다.

미래가 다시 건반을 누르려던 차에 엄마가 테이프와 가위를 들고 방으로 들어왔다.

"미래야, 엄마랑 창문 좀 막자."

"창문을? 갑자기 왜?"

"우리 지역에 태풍 경보가 내렸어. 바람이 매섭게 불어 대면 창문도 깨질 거야. 얼른 테이프를 붙여서 막아야 해. 창문이 깨지면 비가 다 들이차서 피아노도 망가질 거야."

그 말을 듣자 미래는 곧장 일어났다. 일주일 전에 생일 선물로 받은 피아노를 비에 젖게 할 수야 없었다. 더군다나 이 피아노는 민수 아버지가 운영하는 악기점에서 산 거였다.

엄마가 피아노 의자 위로 올라가며 말했다.

"엄마가 테이프 붙이는 동안 의자 좀 잡아 줘."

미래는 두 손으로 의자를 붙잡고 엄마를 지켜보았다. 엄마는 창문에 테이프를 십자 모양으로, 그 다음 엑스 자 모양으로 붙였다. 투명한 창문이 노란 테이프로 뒤덮였.

엄마가 의자에서 내려와 미래에게 테이프를 건네주었다.

"미래야, 주방 창문에도 이런 식으로 테이프 붙여. 엄마는 베란다 창문에 붙일게."

미래는 테이프를 들고 주방으로 갔다. 교과서보다 조금 더 큰 주방 창문 두 개에 테이프를 덕지덕지 붙였다. 퍼붓는 비 때문에 창문 너머 풍경이 잘 보이지 않았다. 이따금 창문이 흔들거리기까지 했다.

"엄마, 다 했어!"

"잘했어. 가위 좀 갖다 줄래? 현관문 앞 서랍장에 있어."

미래는 주방에서 나와 현관 쪽으로 걸어갔다. 서랍장을 열려는데 갑자기 발이 축축해졌다.

"앗 차가!"

미래는 아래를 내려다보았다. 현관에 물이 가득 차서 신발이 둥둥 떠다녔다. 신발 신는 곳을 가득 메운 물이 거실까지 넘보려고 했다.

미래는 차마 발이 떨어지지 않았다.

"얘, 상황이 급한데 너는 뭐하느라고 여태……."

현관으로 온 엄마가 이 모습을 보고 입을 다물지 못했다.

"세상에……."

그때 거실 스피커로 경비 아저씨의 안내 방송이 나왔다.

"안내 드립니다. 지금 거센 태풍으로 도시 하수구가 제대로 배수를 못 하여 주변이 침수되었습니다. 아름아파트 1층 주민 여러분은 담요와 생수, 중요 물품만 챙겨 황급히 나오시기 바랍니다."

미래는 불안해져서 엄마를 쳐다보기만 했다. 엄마는 잠시 생각하다가 말했다.

"미래야, 얼른 새 옷으로 갈아입고 가방에 휴대폰이랑 지갑만 챙겨서 나와. 참, 네 방 플러그는 다 뽑고. 나중에 감전될 수 있으니까."

"어, 엄마, 우리 집 어떻게 되는 거야? 피아노는? 그냥 두고 가야 해?"

미래는 울상이 되었다. 어느새 흙탕물이 거실 안까지 들어왔다. 미래와 엄마의 양말이 흠뻑 젖었다. 엄마는 미래의 어깨를 툭툭 두드렸다.

"다 잘 될 거야. 엄마 믿지? 자, 얼른 준비하고 나와."

그러고서 엄마는 곧장 거실 텔레비전 플러그까지 빼 버렸다. 미래는 방으로 들어가 축축해진 옷을 벗고 빳빳한 새 옷을 꺼내 입었다. 빈 책가방에 옷가지와 휴대폰, 생일 때 민수에게 받은 카드를 집어넣었다.

"미래야, 시간 없어. 얼른 나와!"

엄마가 자꾸 불렀다. 미래는 방문을 꼭 닫고 나왔다. 엄마는 커다란 등산용 배낭을 짊어지고 서 있었다. 한손에는 미래의 장화를 들고 있었다.

"가자, 나중에 다 잘 될 거야."

미래는 장화를 신고 엄마 손을 꼭 붙잡았다. 엄마가 손에 힘을 주었다. 미래는 엄마와 함께 현관으로 걸어갔다. 물이 발목까지 올라왔다. 엄마가 현관문을 가까스로 열자 더 많은 물이 순식간에 안으로 밀려들었다.

'내 피아노……'

미래는 뒤를 돌아보았다. 그걸 아는지 모르는지 엄마는 문을 어깨로 힘껏 밀어 닫았다.

1층 복도에는 사람들이 몰려 있었다. 다들 모습이 비슷했다. 큰 배낭을 메고 옷을 여러 겹 껴입고 있었다. 밖에서 삐뽀삐뽀 소리가 울렸다.

그 틈에서 주황색 옷을 입은 소방대원 아저씨가 말했다.

"다들 신속히 이동해 주세요. 언덕에 있는 초등학교로 대피할 겁니다."

소방대원 아저씨의 지시에 따라 모든 사람들이 줄을 서서 밖으로 빠져나갔다. 미래는 소방차 안에 올라타 엄마 옆에 딱 붙어 앉았다.

유치원생으로 보이는 남자아이가 엄마 품에 안겨 빽빽 울었다. 엄마는 휴대폰으로

아빠와 통화를 했다.

미래는 건너편에 난 창문을 보았다. 땅바닥은 물에 잠겨 보이지 않았다. 도로에 세워진 은행나무는 허리가 꺾여 있었고, 녹슨 노래방 간판이 물에 반쯤 잠겨 떠내려가고 있었다. 물결치는 황톳물이 살아 움직이는 괴물처럼 보였다. 소방차가 아니라 거대한 배 안에 있는 기분이었다. 밖에는 한 사람도 보이지 않았다.

'민수는 지금쯤 어디 있을까?'

미래는 민수가 걱정되었다. 소방차는 느릿느릿 나아가다가 오르막길로 향했다. 조금 있자 초등학교 건물과 운동장이 나타났다.

소방대원이 말했다.

"이제 내리시겠습니다. 우선은 학교 측의 허가를 받고 1층의 세 개 교실을 쓰기로 했습니다. 대원들의 지시에 따라 이동해 주시기 바랍니다."

미래는 엄마와 함께 일어나 소방차에서 내렸다. 운동장에 뒤덮인 인조 잔디가 유난히 푸르렀다. 주변을 둘러볼 새도 없이 미래는 엄마 손에 이끌려 사람들과 함께 초등학교로 향했다.

교실로 들어가자 책걸상 대신 은색 돗자리가 교실 바닥을 메우고 있었다. 사람들이 그 위에 앉거나 누워 있었다. 어떤 할아버지는 옆으로 누워 곤히 잠을 잤다. 한 아저씨는 인상을 찌푸린 채 휴대폰으로 뉴스를 보았다. 구석에 앉은 아주머니 둘은 수다를 떨고 있었다.

미래는 엄마와 함께 빈 곳을 찾아 앉았다. 엄마는 자리에 앉자마자 미래의 몸 여기저기를 살폈다.

"미래야, 몸은 괜찮니? 아픈 데는 없고?"

"응, 나는 괜찮은데……."

"다른 걱정은 하지 마. 다 좋아질 거니까. 이럴수록 긍정적인 마음을 가져야 해."

엄마가 눈에 힘을 주고 말하자 미래는 마지못해 고개를 끄덕였다. 그때 다른 소방대원이 커다란 종이 상자를 들고 나타났다.

"기상청에 의하면 태풍이 하루 동안 머문다고 하니, 오늘은 여기서 주무셔야 하겠습니다. 이 지역 초·중·고등학교는 모두 임시 휴교를 하니 숙지하시기 바랍니다. 그럼 주의 사항 알려드리고 생수 나눠 드리겠습니다. 첫째, 물은 지금 받았거나 가져온 생수만 드시길 바랍니다. 화장실이나 급수대 물은 드시면 안 됩니다. 지하수가 오염되었기 때문에 마시면 병균이 옮을 수 있습니다. 둘째, 절대 물가로 가지 마십시오. 집에 중요한 물품이 있다고 물 근처로 다가갔다가는 금방 휩쓸려서 목숨이 위험해지는……."

미래는 멍하니 창밖을 내다보았다. 운동장 아래로 황톳물이 넘실거렸다. 민수와 집에 두고 온 피아노가 어른거렸다. 미래는 자꾸만 안 좋은 생각이 나려고 해서 고개를 세차게 저었다.

"……여기에서는 나만이 아니라 모든 사람이 힘듭니다. 가급적 다른 사람에게 피해를 주는 행동은 하지 말고 배려하는 마음을 가지시기 바랍니다. 궁금하신 사항은 저에게 물어보시면 됩니다."

몇몇 사람들은 자리에서 일어나 소방대원을 찾아갔다. 잠시 조용했던 교실이 또다시 시끌벅적해졌다.

그때 앞문으로 익숙한 얼굴들이 보였다.

"민수 엄마!"

엄마가 일어나 손을 흔들었다. 민수 아주머니가 민수를 데리고 미래가 있는 쪽으로 왔다. 미래는 민수를 보자 반가운 마음이 왈칵 들었다. 그런데 민수는 그 어느 때보다 표정이 어두웠다. 민수를 3년이나 알고 지냈지만 이런 표정을 본 적이 없었다.

"어이구, 미래 엄마. 여기 있을 것 같더니만."

"이게 무슨 난리인가 몰라. 잘 대피해서 온 거야?"

"응, 저기 미래 엄마 있잖아……."

민수 아주머니가 우물쭈물하자 엄마가 미래에게 말했다.

"미래야, 여기서 민수랑 같이 있을래? 엄마랑 아주머니는 이야기 좀 하고 올게."

엄마는 민수 아주머니와 함께 교실 밖으로 나갔다. 민수는 쭈그려 앉아 얼굴을 무릎에 파묻었다. 미래가 엄마의 배낭을 뒤져 초코 바 두 개를 꺼냈다.

"민수야, 나 초코 바 가져왔는데 줄까?"

"아니."

민수는 고개도 들지 않고 대답했다. 미래는 살짝 심통이 났다. 걱정했던 자기 마음도 몰라주는 민수가 얄미웠다. 미래가 민수 어깨를 툭툭 두드리며 말했다.

"야, 괜찮아. 우리 엄마가 나중에 다 좋아질 거라고 했어."

"나 이사 가."

"뭐라고?"

"태풍 그치는 데로 작은 아버지 댁으로 가야 해. 엄마 아빠 빼고 나만."

"왜 너만 가? 아주머니랑 아저씨는?"

"가게가 물에 다 잠겼어. 엄마 아빠가 가게를 수습하셔야 된대."

미래는 대꾸를 할 수 없었다. 민수 아버지가 꾸리는 악기점은 종합상가 지하 1층에서 5년째 자리를 지켜왔다. 그래서 민수는 종합상가에서 장사하는 아주머니들도 아주 잘 알았다.

미래는 민수처럼 쭈그려 앉아서 말을 하지 않았다. 옆에 앉은 아저씨가 틀어 놓은 라디오로 뉴스가 흘러나왔다.

"……마을 일대가 태풍에 휩쓸려서 주민들은 대피한 상황입니다. 황톳물 속에 차들이 떠다니고 있습니다. 어느 집에서 나왔을지 모를 피아노도 보입니다. 또한……"

미래의 마음속에도 태풍이 휘몰아쳤다. 3년 동안 붙어 다녔던 민수, 새로 산 피아노, 손가락이 아프도록 연습했던 작은 별…….

갑자기 미래는 몸을 일으켰다.

"민수야, 우리 일어나자. 갈 데가 있어."

"싫어, 안 갈래."

"에이, 가자. 우리 집에 오면 보여 주려고 했던 거 보여 줄게, 응?"

그러자 민수가 고개를 살짝 들었다. 축 처진 눈가에 눈물이 고여 있었다.

"뭔데?"

"여기서 잠깐만 기다려. 엄마한테 가서 우리 나간다고 얘기할게."

미래는 자리에서 일어나 복도 밖으로 나갔다. 민수 아주머니가 눈물을 훔치면서 엄마와 대화를 나누고 있었다. 엄마와 미래가 눈이 마주쳤다.

"나 민수랑 볼일이 있어서 잠깐 나갔다가 올게."

"어디 가는데? 밖으로 나가지 말라고 했잖아. 아이 둘이 다니면 위험한 거 몰라?"

"걱정 마. 학교 밖으로 안 나가. 1층 안에서만 돌아다닐 거야. 그리고 곳곳에 우리 학교 애들도 막 돌아다니고. 여기 내가 다니는 초등학교잖아. 응? 엄마, 진짜 급한 거라서 그래. 나 그럼 민수 데리고 나간다아."

그러더니 미래는 뒷문으로 가서 민수를 불렀다.

"어휴, 저 고집을 누가 말려. 얘, 엄마 휴대폰 가져가. 무슨 일 생기면 민수 아주머니 폰으로 곧장 연락해야 한다, 알았지?"

엄마가 달려와 미래에게 휴대폰을 쥐어 주었다. 미래가 엄마를 향해 씨익 미소를 지었다. 엄마는 민수 아주머니를 데리고 교실 안으로 들어갔다. 이윽고 민수가 복도로 나왔다.

미래는 민수를 데리고 1층 복도 끝으로 갔다. 한쪽 벽에 책걸상이 어지럽게 쌓여 있었다.

민수가 말했다.

"음악실에는 왜 온 거야?"

"보면 알아."

미래는 음악실 손잡이를 돌려 보았다. 역시나 열리지 않았다. 미래는 까치발을 하고 창문을 더듬었다. 작은 창문이 드르륵 열렸다.

"여기 있어, 민수야. 내가 창문으로 들어가서 문 열어 줄게."

미래는 복도 벽에 놓인 책상을 밟고 올라가 창문으로 넘어갔다. 음악실 안에도 책걸상이 쌓여 있었다. 미래는 그것들을 간신히 헤치고 앞문을 열었다.

문을 열자 민수가 웃으며 말했다.

"미래야, 너도 참 대단하다."

"나를 뭘로 보고 그래? 일로 와."

미래는 민수 손을 이끌고 피아노 앞으로 데려갔다. 미래와 민수는 기다란 피아노 의자를 꺼내어 앉았다.

미래가 피아노 뚜껑을 열었다.

"민수야, 작은 별 노래 알지? 예전에 너희 아버지네 가게 피아노로 네가 나한테 쳐 준 곡."

"야, 너는 그걸 아직도 기억하냐?"

민수는 대답하면서 얼굴이 발그레해졌다. 미래는 가슴이 설레었다.

"그거 다시 쳐 줄게."

미래는 심호흡을 하고 건반을 눌렀다. 고운 피아노 선율이 음악실을 감돌았다. 옆에서 민수가 고개를 숙이고 어깨를 들썩였다. 미래는 집에 있는 피아노와 오는 길에 보았던 부러진 나무, 녹슨 노래방 간판을 연주곡에 흘려보냈다.

이것만은 기억해요

태풍이 왔을 때 살아남는 방법

매서운 비바람, 태풍

민수: 미래야, 태풍은 왜 생기는 걸까?

미래: 태풍은 따뜻한 바다에서 생겨. 기온이 27도 이상 되면 바다 주변의 공기가 위로 올라가. 공기는 더워지면 위로, 차가워지면 아래로 이동하는 특성을 갖고 있거든. 이렇게 하늘 높이 올라간 공기는 열이 다시 식으면서 수증기를 만들어. 그게 구름과 비가 되는 거야. 그런데 계속 바다가 뜨거우면 더운 공기들이 끊임없이 위로 올라가겠지? 점점 위로 올라가는 공기들이 모이고 모여 소용돌이를 일으키고, 그게 태풍이 되는 거야.

민수: 와, 신기하다. 그럼 태풍은 언제 멈춰?

미래: 태풍은 여기저기 옮겨 다니다가 공기가 차가운 곳에 도달하면 어느 순간 사라져. 태풍이 심하면 산사태도 일어나고, 우리 동네에서처럼 홍수가 날 수도 있어.

태풍이 나쁜 것만은 아니라고요?

미래: 민수야, 알고 보면 태풍이 자연에 이로운 역할도 하는 거 아니?

민수: 진짜? 그게 뭔데?

미래: 우선 태풍은 바다 속을 마구 휘저어 놓을 수 있어. 바다는 워낙 넓으니까 때로는 온도 차이가 심하게 나기도 하고, 플랑크톤이 한곳에 너무 많아지면서 적조 현상도 일어나. 그런데 태풍이 나면 이런 문제가 많이 해결돼. 온도 차이도 줄여 주고 바다 생물들의 먹이인 플랑크톤을 곳곳에 퍼뜨리지. 그런가 하면 농사에도 도움을 줘. 무더운 여름날, 가뭄으로 말라 가던 농작물에게 비를 내려 주니까.

태풍이 오면 이렇게 대처해요

민수: 비가 적당히 오면 얼마나 좋을까?

미래: 그러게 말이야. 하지만 태풍은 대비를 철저히 하는 수밖에 없어. 우선 일기예보를 틈틈이 봐야 해. 태풍은 지진처럼 갑자기 들이닥치지 않아. 요즘은 태풍이 언제 어디로 왔다가 가는지 알 수 있어. 그러니 실시간 정보를 확인하면서 그에 따라 대비해야 해. 그리고 가족이나 친구끼리 미리 대피 방법을 의논해야 해. 재난이 들이닥치면 혼자보단 함께 있을 때 더 힘이 나니까.

민수: 그럼 가족이나 친척들의 전화번호를 미리 외워 두는 것도 좋겠다.

미래: 맞아! 그리고 태풍이 불기 시작하면, 안전한 집이나 학교 같은 건물 안에서 태풍이 지나갈 때까지 기다리는 게 좋아. 바깥은 바람이 세게 불어 커다란 물건들이 갑자기 날아들기 쉬우니까. 또 창문에 테이프를 붙이거나 물에 젖은 신문지를 붙여야 해. 바람이 거세면 창문이 깨질 수 있거든. 하지만 건물 주변에 위험한 요소가 있다면 미리 대피해야 해. 산사태나 홍수가 나서 건물 전체를 덮칠 수 있거든. 되도록 평지보다 높은 곳이 안전해. 물에 잠길 가능성이 낮으니까.

민수: 그렇지만 밖으로 나가야 하는 상황도 생기지 않을까?

미래: 그럴 땐 맨홀 근처에 가지 않도록 조심해야 해. 물이 넘쳐서 간혹 맨홀 뚜껑이 열리기도 하니까.

민수: 역시 태풍이 끝나기만을 기다려야 하는구나.

미래: 태풍이 끝난 뒤에도 할 일이 남았어. 물을 끓여 마시는 거야. 태풍 때문에 식수가 오염될 수 있거든. 또 바닥에 전선이 떨어져 있다면 반드시 피해 다녀야 해. 가까이 갔다가 감전될 수 있으니까.

하얀 세상에 갇히다

"우와, 아빠, 밖에 눈 와요!"

창밖 풍경을 본 해온이는 방문을 열고 뛰어나가며 소리쳤다. 아빠는 거실 창문 앞에서 휴대폰으로 누군가와 통화를 하고 있었다. 해온이를 보고 쉿 하는 시늉을 하는 아빠의 표정이 좋지 않다. 통화를 마친 아빠가 다급히 다가와 해온이의 어깨를 잡았다.

"아들, 잘 들어. 할아버지가 빙판에 미끄러지셔서 머리를 다치셨대. 바로 짐 챙겨서 강릉 병원으로 가야 해."

해온이는 멍하니 서 있었다. 아빠가 말을 이었다.

"지금 눈이 많이 와. 강원도 쪽은 더 심할 것 같아. 일단 차에서 필요한 것들은 아빠가 대충 챙길 테니까 너는……."

"많이 다치셨대요?"

아빠는 멈칫했다.

"돌아가실 것 같대."

해온이는 머릿속이 하얘졌다. 할아버지의 모습들이 떠올랐다. 늘 대문 앞에 나와 계시고, 추울 때는 방 아랫목에서 이불 덮어 주시고, 어디론가 사라졌다가 군밤을 사 오시던 할아버지.

"뭐 하고 섰어? 이럴 때도 꾸물거리면 어쩔 거야."

아빠의 목소리가 날카로웠다. 해온이는 방으로 뛰어 들어가 배낭을 꺼냈다. 대충 세면도구랑 옷 몇 벌을 챙겨 넣었다. 아빠는 베란다 창고 안쪽에서 무언가를 뒤지다가 부엌으로 달려가 또 뭔가를 찾았다.

"보온병 어디 있는지 알아?"

"모르겠어요. 엄마한테 전화해 볼까요?"

"아니야. 지금은 일단 엄마한테는 말하지 말자. 알려 봤자 출장 중인데 바로 올 수 있는 것도 아니고, 괜히 엄마 신경 쓰여서 잠도 못 잘 거야."

아빠는 전기 포트에 물을 가득 담아 스위치를 켜고, 부엌 찬장을 뒤졌다.

해온이는 잠시 생각하다 방으로 달려갔다. 침대 위에 대충 구겨져 있는 오리털 이불을 잘 개켰다. 추울 때 무더운 정글에 사는 동물 그림 이불을 덮고 있으면 조금이나마 따뜻해지는 기분이 들 것 같았다.

해온이는 가방을 들고, 아빠는 커다란 플라스틱 박스를 안고 주차장으로 갔다.

"아빠, 이게 다 뭐예요?"

"응, 차량용 월동 장비, 체인하고 일단 생각나는 것만 챙겼어. 이것들을 다 사용할 일이 없었으면 좋겠는데. 상황이 안 좋으면 고속도로에서 거북이처럼 기어가다 갇힐 수도 있어."

"갇힌다고요?"

해온이는 차에 타서 안전벨트를 매며 물었다.

"응. 대설 주의보 소식이야. 라디오 계속 틀어 놔야 해."

아빠는 시동을 걸자마자 라디오를 켜고 채널을 돌렸다. 교통 방송이 흘러 나왔다.

"대설 주의보가 대설 경보 발령으로 바뀌었습니다. 갑자기 쏟아진 폭설로 대관령과 진부령 등 주요 산간 도로의 차량 통행이 통제되고 있습니다. 강원도 지방으로 가는 시외버스는 운행이 전면 중단되었습니다."

라디오 뉴스에 아빠 표정이 심각해졌다.

어느덧 차는 고속도로에 접어들었다. 눈발이 더 거세졌다. 원래 눈이 오면 굉장히 신나는데, 오늘은 맘껏 신날 수도 없다. 아빠는 고속도로에 들어선 후 내내 말이 별로 없었다.

얼마쯤 갔을까. 세상이 점점 하얗게 변하고 있었다. 앞쪽으로 차들이 점점 많아지고, 점점 더 느려졌다. 얼마 못 가 앞차들은 더 이상 움직이지 않았다.

"아무래도 잠시 차를 세워야 할 것 같아."

"이제 어떡해요?"

아빠는 말없이 뒷좌석에서 오리털 이불을 끌어당겨 해온이에게 덮어 주었다.

"잘 챙겨 왔네. 이렇게 있다가 중간 중간 몸을 움직여. 같은 자세로 가만히 앉아 있지 말고."

해온이는 이불을 뒤집어 쓴 채로 꿈틀꿈틀 움직였다. 아빠 얼굴에 피식 웃음이 번졌다.

"아빠 잠깐 주변 좀 살피고 올게. 나오지 말고 있어. 문 잠그고."

아빠는 패딩 점퍼 지퍼를 올린 뒤 장갑을 끼고 차 밖으로 나갔다. 온기가 빠져나가지 않게 하려는 듯 문을 정말로 잽싸게 닫았다.

해온이는 차창 너머로 아빠를 지켜보았다. 아빠는 두리번거리다가 앞차로 가더니 운전석 유리창을 살짝 두드렸다. 그리고 한참을 서서 뭔가 얘기하는 듯했다. 이번에는 또 뒤차로 다가갔다. 평소에 남들한테 먼저 말을 걸거나 아는 척하는 편이 아닌데, 오늘은 아빠가 달라 보였다. 잠시 후 앞차가 서서히 앞으로 가기 시작했다.

"어휴, 춥다. 너무 춥다!"

아빠가 차 안으로 들어오자마자 장갑을 벗고 손을 비볐다. 해온이는 손난로를 흔들어서 아빠에게 내밀었다.

"우와, 이런 것도 챙겼어?"

해온이는 쑥스러워 그냥 웃었다.

"그런데 아빠 뭐 하고 오신 거예요?"

"주변 차 사람들하고 인사도 좀 하고 안면을 텄지. 눈이 더 심해지면 차들이 정말 꼼짝 못 할 수도 있잖아. 그럴 때는 무조건 서로 도와야 해. 차도 번갈아 난방하면서 함께 타고."

"그렇구나. 아빠, 근데요, 쉬 마려우면 어떻게 해요?"

"어떡하긴. 나가서 해야지. 아빠가 가려 줄게."

"어떻게 밖에서 해요! 누가 보면 어떡해요!"

"너, 눈밭에 오줌 누는 게 얼마나 재밌는데. 글자도 쓸 수 있어."

아빠는 재미있다는 듯 큰 소리로 웃었다. 할아버지께서 위독하시다는 사실을 잠시 잊은 듯했다. 해온이는 아빠가 잠깐이라도 슬픈 일을 잊고 웃을 수 있어서 기뻤다.

차들이 다 같이 멈춰선 지 한 시간 정도 됐다. 해온이는 슬슬 몸이 찌뿌둥했다.

"아빠, 그런데 휴게소까지 많이 걸려요? 그냥 차 두고 걸어가면 안 돼요?"

"안 돼. 여기서 5킬로미터쯤 더 가야 하는데, 이렇게 함박눈이 펑펑 내리는 날씨에는 아빠라도 무리야. 너는 말할 것도 없고. 그나저나 환기를 해야 할 것 같네. 창문 좀 열자."

아빠가 차창을 모두 조금씩 내리자 찬바람이 훅 들어왔다.

"아 춥다!"

"조금만 참아. 차 히터 켜 놓고 오랫동안 환기를 안 하면 자칫 큰일 나는 수가 있어."

"왜요?"

"일산화탄소에 중독될 수 있어. 일본에서 실제로 폭설에 갇힌 차 안에서 일가족이 죽은 일도 있거든."

해온이는 몸을 부르르 떨고 창밖으로 시선을 돌렸다. 창문이 열린 틈으로 간간이 눈송이들이 들어왔다. 눈송이 뭉치를 손가락 위에 가만히 올려놨다. 손가락에 닿은 눈송이는 예쁜 눈꽃의 모습이 되었다가 금세 녹아 물방울이 되었다.

'이렇게 예쁜데, 너무 많이 내리니 문제구나.'

아빠는 배기관 같은 데 쌓인 눈을 치워야 한다며 다시 밖으로 나갔다. 트렁크에서 커다란 밀대를 꺼냈다. 그리고 차 앞과 뒤, 유리창 위에 쌓인 눈을 치웠다. 옆 차 아저씨도 내리더니 열심히 눈을 치웠다.

맑아진 차창 안으로 아기 카시트가 보였다. 한 살 조금 넘었을까? 아기가 고개를 빼꼼 내밀고 있었다. 아기의 엄마가 옆자리에서 걱정스럽게 두리번거리며 바깥을 내다보고

있었다. 아빠는 차에 쌓인 눈을 닦아 내다 말고 옆 차에 얼굴을 들이밀고 말했다.

"까꿍! 아이구, 귀여운 왕자님도 눈이 이렇게 오는데 어디 간다고 고생하네."

그러자 그 모습을 보며 아기 아빠가 미소를 짓더니 유리창 안의 해온이를 흘깃 보고는 말했다.

"이 차에 탄 큰 오빠는 이렇게 씩씩한데, 우리 공주님은 슬슬 짜증이 나서 갖고 엄마를 힘들게 하네요."

"어이구! 꽁꽁 싸매서서, 눈코입만 간신히 보여서 제가 착각했네요. 감기는 안 들겠네! 허허허."

아빠는 큰 소리로 어색하게 웃더니 옆 차 아저씨와 인사를 나누고 다시 차에 탔다.

하늘에서 솜을 풀어 쏟아 붓는 듯했다. 라디오에서 흘러나오는 음악이 귀에 들어오지 않았다. 누군가 운전석 창문을 두드렸다. 아빠는 창문을 조금 열고 고개를 꾸벅 숙였다.

"저, 뒤차요. 저희 지금 간단하게 있는 거로 점심 때우려는데, 같이 드시겠어요?"

"아 그럼, 그럴까요?"

아빠는 곧바로 대답을 했다. 그러더니 말없이 뒷좌석에 놓아 둔 내 장갑을 집어 건넸다.

"아들, 우리 뒤차로 가자. 아까 그렇게 얘기했어. 서로 번갈아서 히터 켜기로. 아, 거기 보온병이랑 귤 든 봉지랑 들고 내려."

아빠는 창문을 아주 조금씩만 열어 두고 차 문을 잠갔다. 그리고 차에서 꺼낸 신문지를 앞뒤 유리에 대강 덮었다.

뒤차는 6인승 큰 차였다. 쭈뼛쭈뼛 아빠를 따라 올라타니 어른 세 명과 유치원생쯤 돼 보이는 남자아이가 있었다. 한 명은 해온이 할아버지 연세쯤 되어 보였다.

"아이고, 큰형아가 왔네. 이리 앉아. 응. 편하게 앉아."

남자아이는 양손에 로봇과 트럭 장난감을 쥐고 있었다. 해온이를 보고 반기는 눈빛이었지만 쑥스러운지 괜히 발뒤꿈치로 의자를 툭툭 쳤다.

아주머니가 탄환 모양으로 생긴 어마어마하게 큰 보온 통 뚜껑을 열자 그 안에서 김이 모락모락 피어올랐다.

"소고기 야채 죽이에요. 좀 드세요."

"어휴, 감사합니다. 폭설에 '꼼짝 마' 되니까 이렇게 또 이웃끼리 정도 나누네요."

아빠는 웃으며 괜히 해온이를 쳐다봤다. 같이 웃기를 바라는 건지, 해온이는 갸우뚱 했다.

차에 있던 할아버지는 군고구마도 내놓고, 따뜻한 코코아도 마시라고 자꾸만 내밀었다. 할아버지는 고구마를 작게 잘라 손자 입에 갖다 댔다. 아이가 고개를 저었다. 이번에는 김이 모락모락 나는 찐빵을 조금 떼어 내밀자 아이가 앙 하고 받아먹었다. 할아버지 얼굴에 미소가 가득했다.

"어이구, 목 맥힐라."

할아버지는 얼른 물을 따라 아이에게 먹였다. 해온이는 문득 강릉 할아버지가 생각났다. 빨리 가서 할아버지 손을 잡아 드리고 싶었다. 도대체 이 눈은 언제까지 이렇게 내리려는 걸까? 언제쯤에나 차가 빠져나갈 수 있는 걸까?

얼마 후 눈발이 조금 약해졌다. 뒤차 가족에게 감사 인사를 건네고 해온이네 차로 옮겨 탄 지 얼마 안 됐을 때 드디어 차들이 움직이기 시작했다. 때맞춰 뒤쪽에서 사이렌 소리가 들려왔다.

"제설차가 오나 보다!"

뒤돌아보니 갓길로 붉은 불빛이 번쩍거리며 천천히 다가오고 있었다. 제설차와 트럭 몇 대가 지나간 뒤 또 한참 시간이 흘렀다. 그 사이 해온이는 정말로 눈밭에 나가 글자를 썼다. 혹시라도 누가 보거나 바람이 불어 오줌이 옷에 묻을까 봐 걱정을 했다. 그러자 아빠가 뒤에서 무릎 담요를 치마처럼 둘러 주더니 양쪽 끝을 잡고 앞으로 감싸듯이 펼쳐 주었다. 한 달 뒤, 아니 내년에 오늘 있었던 일을 떠올리면 그냥 재미있는 경험을 한 셈이 되었으면 좋겠다고 마음속으로 빌었다. 슬픈 일이 생기면 안 될 텐데…….

비로소 차들이 조금씩 움직이기 시작했다. 얼마 후 가장 가까운 휴게소에 간신히 도착했다. 바로바로 치웠는지 도로보다 길 상태가 좋았다. 군데군데 모래도 뿌려져 있고, 남은 염화칼슘 주머니가 쌓여 있었다.

겨우 주차를 하고 곧바로 화장실에 갔다가 휴게소 식당으로 들어섰다. 집을 나선 지 꼭 열 시간 만이었다. 아빠는 아직 갈 길이 멀다고 했다. 바깥은 벌써 어둑어둑했다. 주문하는 곳에 줄이 길게 늘어서 있고, 다들 지쳐 보였다. 텔레비전에서 뉴스가 흘러나오고 있었다. 눈도 거의 그치고 제설차들이 본격적으로 작업을 하고 있어서 오늘 자정 전까지는 고속도로 상황이 많이 나아질 거라고 했다.

여러 가지 음식 냄새가 섞여 콧구멍 속으로 들어왔다. 몹시 배가 고팠다. 아까 뒤차 가족과 이것저것 나눠 먹지 않았다면 정말 힘들었을 것이다. 주문 카운터에 가까이가 보니 해온이가 좋아하는 떡볶이도 자장면도 품절이었다. 그래서 더 먹고 싶어졌지만, 그래도 무사히 여기까지 온 게 어디냐 싶었다. 해온이는 우동과 김밥을, 아빠는 된장찌개를 주문했다.

"체하지 않게 천천히 먹어."

해온이가 너무 허겁지겁 먹자 아빠가 걱정스런 눈빛으로 바라봤다.

우동 그릇이 바닥을 보이기 시작하는데, 아빠 휴대폰 벨이 울렸다. 전화를 받는 아빠 얼굴에 긴장이 가득했다.

"네, 엄마. 저희 휴게소요. 걱정 마세요. 길 곧 풀릴 것 같은……."

아빠가 수화기를 귀에 댄 채 갑자기 말을 뚝 그쳤다. 해온이는 고개를 들었다. 안경알 너머 아빠 눈이 갑자기 빨개지고 눈물이 차오르고 있었다. 설마 하고 그릇째 들고 들이키던 우동 그릇을 내려놓았다.

아빠는 전화를 끊고 안경을 벗었다. 눈물이 양 볼을 타고 흐르고 있었다. 눈물에서 김이 나는 것만 같았다. 이게 무슨 상황인가 싶어서 해온이는 얼음이 된 채로 가만히 있었다. 아빠는 연신 눈물을 훔치다가 헛기침을 여러 번 하며 목을 가다듬었다.

"할아버지 괜찮으시대. 아침에는 정말 위급한 상황이었는데, 의사 선생님이 고비는 넘기셨다고 했대. 수술이 잘됐나 봐."

해온이는 벌떡 일어나 정수기가 있는 쪽으로 성큼성큼 걸어갔다. 뜨거운 물과 찬물을 잘 섞어 한 컵 받고 냅킨을 여러 장 뽑았다. 다시 자리로 돌아가 그것들을 아빠한테 내밀었다.

"물도 좀 드시고요, 눈물도 닦으세요."

아빠는 어리둥절한 표정으로 있다가 피식 웃었다.

"이리 온, 해온. 우리 아들."

해온이는 컵과 냅킨을 내려놓고 아빠한테 폭 안겼다. 아빠 품은 언제나 넓고 따뜻하다. 작년 겨울처럼 아빠랑 함께 눈사람을 만들고 싶어졌다. 그 모습을 할아버지가 대문 앞에 서서 웃으며 지켜보시면 더 좋을 것 같다.

이것만은 기억해요

폭설이 왔을 때 살아남는 방법

우리나라에 왜 폭설이 오나요?

해온: 아빠, 우리나라에 폭설은 왜 오는 거예요?

아빠: 겨울이 되면 유라시아 대륙 북동부에 대단히 큰 규모의 고기압이 형성돼. 11월에서 3월 사이에 시베리아의 찬 대륙성 고기압이 우리나라까지 확장되거든. 그러면 따뜻한 서해 해상이나 동해 해상을 지나면서 습기가 많아지지. 이 습윤해진 공기가 지형의 영향을 받아서 서해안과 영동 지방에 한꺼번에 많은 양의 눈이 내리게 돼. '눈폭탄'이라는 말도 있잖아. 그래서 피해를 줄이기 위해서는 대설 주의보, 대설 경보 같은 예보에 주의를 기울여야 해. 인터넷으로 수시로 날씨 정보도 확인하고.

폭설의 좋은 면도 있어요

아빠: 해온아, 그런데 폭설이 이익을 주기도 한다는 건 몰랐지?

해온: 그게 무슨 말씀이에요? 폭설은 나쁜 거잖아요.

아빠: 폭설이 오면 봄 가뭄이 해소될 수 있다고 해. 댐이나 농지, 임야 등으로 유입되어서 물 자원을 확보해 주지. 그리고 눈이 오면 왠지 공기가 맑은 느낌이 들잖아? 눈에 세정 효과가 있어서 대기의 질도 개선해 줘. 산불도 막아 주지.

해온: 오, 그런 면도 있었네요.

아빠: 하지만 교통 악화로 물류 수송이 늦어지는 등 간접적인 피해도 막대하기 때문에, 폭설의 피해를 결코 가볍게 생각해서는 안 돼. 폭설로 인한 직접적인 피해는 말할 것도 없고. 사람이 다치거나 목숨을 잃기도 하니까.

해온: 뭐든지 적당한 게 좋은 것 같아요.

폭설 대처 방법, 지역마다 달라요

아빠, 폭설이 오면 어떻게 해야 해요? 지역에 따라 다르다면서요?

폭설 같은 자연 재해는 지역별 대비가 아주 중요해. 우선 농촌에서는 농작물 재배 시설에 받침대를 보강해야 해. 비닐하우스나 축사가 눈의 무게를 못 이겨 무너지지 않도록 지붕에 쌓인 눈도 그때그때 치워야 하지. 폭설로 쌓인 눈의 무게는 생각보다 훨씬 무겁기 때문에 눈을 치울 때도 조심해야 해.

산에서는 눈사태를 조심해야 할 것 같아요. 눈덩이가 막 굴러 내려오고 그러면 큰일이잖아요.

산에서 눈사태를 만나면 아래쪽이 아니라 옆쪽으로 빠르게 피해야 해. 만약 눈사태에 휩쓸리면 입을 막고 수영하듯 눈을 헤쳐 나와야 하고. 혹시라도 쏟아지는 눈 속에 파묻히면, 되도록 몸을 옆으로 웅크려서 공간을 확보해야 해.

눈사태라니 상상만 해도 오싹해요. 그때 자동차에 있었는데도 막막하고 무서웠는데. 그래도 아빠 덕분에 잘 버틸 수 있었어요.

뭐 그 정도를 가지고. 폭설 때 자동차 운전자는 도로 상황을 수시로 점검할 수 있도록 교통 방송을 켜 두는 것이 기본이야. 그리고 겨울에는 무조건 미끄럼 방지를 위해서 체인 같은 안전 장비나 월동 장비를 철저히 준비해 둬야 해. 난방을 오래 틀 경우에는 차 안에서 일산화탄소에 중독되지 않도록 환기를 해야 하고. 일산화탄소는 무색무취라서 중독되는지도 모르고 해를 입기도 해서 정말 주의해야 하지. 음, 또 뭐가 있을까. 그래! 제설 작업 차량이나 구급차가 쉽게 다닐 수 있도록 갓길은 반드시 비워 놔야 해. 그건 정말 기본 중의 기본이야.

도시에서 우리가 할 수 있는 일은 알아요. 자기 집 앞에 쌓인 눈은 치워야 해요.

맞아. 주택가나 아파트 주변에서는 눈이 얼어붙어서 사람들이 길을 가다 미끄러져 다치는 경우가 종종 있어. 그리고 춥다고 주머니에 손을 넣고 걷는 건 위험해. 장갑을 끼고 주머니에서 손을 빼고 다녀야지. 빙판길에는 모래를 뿌리는 게 좋아. 염화칼슘은 눈을 금방 녹이기는 해도 너무 많이 사용하면 환경에 좋지 않아.

뜨거운 태양 아래

폭염

    태영이는 누워서 천장에 붙은 야광 스티커 별을 셌다. 푹푹 찌는 더위가 온몸을 짓눌렀다. 별을 모두 셀 즈음, 오늘 아침 엄마가 병원 가기 전에 했던 말이 어렴풋이 떠올랐다.

    "오늘 폭염 특보 내렸으니까 밖에 나가 돌아다니지 말고 물 자주 마시렴. 할머니도 잘 보살펴 드리고. 할머니가 혈압이 높으셔서 이런 날씨에는 위험할 수 있단다."

    그렇지만 태영이가 오전 내내 한 일이라곤 거실에 놓인 선풍기의 회전 버튼을 눌러 놓고 할머니 옆에 누워 낮잠을 잔 것뿐이었다. 라면도 먹기 싫고 씻기도 귀찮았다. 어제도 밤새 자는 둥 마는 둥 했다. 하도 더우니까 수시로 잠이 깼다.

    선풍기가 탈탈거리며 고개를 돌려 댔다. 태영이는 괜히 선풍기가 얄미웠다. 자기 쪽에서는 잠깐 있으면서 할머니 쪽으로 가면 한참 멈춰 있는 것 같았다. 그래도 어쩔 수 없다. 집에 선풍기는 한 대뿐이라 할머니와 나눠 써야 했다.

"엄마는 선풍기 사 준다고 한 지가 언젠데 아직도 안 사 주고……."

태영이는 괜히 허공을 향해 발길질을 했다. 엄마가 사 준다고 해 놓고 안 사 준 건 선풍기 말고 몇 개 더 있었다. 로봇이 그려진 책가방과 학급 친구들이 가장 많이 신고 다니는 브랜드의 운동화가 눈에 어른거렸다.

태영이는 리모컨으로 텔레비전을 켰다. 이번에도 뉴스였다. 단정하게 양복을 차려입은 앵커가 말했다.

"올해 폭염이 33년 만에 최고 기록을 넘어섰습니다. 무더위가 기승을 부리는 가운데 정전마저 우려되는 상황입니다. 최 기자가 자세한 소식 전하겠습니다."

"에이, 이것 때문에 만화도 못 보고. 똑같은 뉴스를 왜 여러 개나 하는 거야?"

원래 지금은 만화영화를 할 시간이었다. 그런데 3일 전부터 텔레비전 채널들이 폭염에 관한 뉴스로 도배가 되었다.

게다가 소식들은 하나같이 심각했다. 어떤 할아버지는 길을 걷다 쓰러졌고, 어느 곳에선 양식장 물고기 200만 마리가 죽어 수면을 가득 채웠다. 그런가 하면 어느 시골 마을에는 전기가 끊겨서 주민들이 단체로 초등학교에서 지낸다고도 했다.

태영이는 짜증이 났다. 텔레비전을 끄고 리모컨을 한쪽으로 던져 버렸다.

"할머니, 자?"

할머니는 태영이 옆에서 대자로 누워 있었다. 숨 쉬는 소리가 낮게 들려왔다. 할머니는 선풍기가 돌아가는지도, 텔레비전을 켰다가 껐는지도 몰랐다.

'주무시니까 괜찮겠지……?'

태영이는 할머니를 한참 바라보다가 엄지발가락으로 선풍기의 회전 버튼을 꺼 버렸다. 핑핑 잘도 돌아가던 선풍기가 그 자리에서 멈췄다. 태영이는 선풍기를 슬그머니 자기 쪽으로 돌렸다. 새벽부터 쌓였던 짜증이 바람에 풀풀 날아갔다.

"하, 이제 좀 살 것 같다."

태영이는 할머니를 따라 양팔을 벌렸다. 땀으로 축축한 겨드랑이 속으로 선풍기 바람이 파고드니 잠이 쏟아졌다.

한참 후에 태영이는 눈을 반짝 떴다. 모처럼 단잠을 자고 나니 몸도 한결 가벼워졌다. 고개를

들어 시계를 쳐다보니 벌써 정오였다.

태영이는 그제야 기지개를 폈다. 뱃속에서 꼬르륵 소리가 났다. 태영이는 몸을 일으켜 옆에 누운 할머니 어깨를 흔들었다. 아까까지만 해도 양팔을 펼치고 자던 할머니는 등을 돌리고 있었다.

"할머니, 나 배고파. 일어나서 밥 줘."

할머니는 미동조차 없었다. 대신 두 손으로 머리를 움켜쥐고 들릴락 말락 하는 소리를 냈다. 태영이는 할머니 입가로 귀를 가져갔다.

"으으, 으으……."

불길한 기분이 태영이를 불쑥 덮쳤다. 엄마가 할머니 잘 보살피라는 말도 떠올랐다.

"할머니, 왜 그래? 괜찮아?"

"아파……. 머리가 너무 아파……."

태영이는 할머니를 마구 흔들었다. 늘 발그레했던 할머니 얼굴이 창백했다. 게다가 얼굴 전체에 땀이 송골송골 맺혀 있었다. 태영이는 할머니 귓가에 대고 크게 말했다.

"할머니, 내가 은미슈퍼 아줌마 모시고 올게!"

태영이는 자기 쪽에 있던 선풍기를 할머니에게 돌려놓고 일어났다. 일어나자마자 머리가 팽글팽글 돌았다. 태영이는 잠시 벽을 짚고 서 있었다. 간신히 정신이 차려지자 태영이는 휘청거리며 현관문을 향해 걸어갔다.

'할머니가 나 때문에 선풍기를 못 쐬어서 아프신 건가?'

태영이는 현관문 손잡이를 잡고 뒤를 돌아보았다. 할머니의 어깨가 아주 천천히 오르락내리락했다.

집을 나오자마자 숨이 턱 막혔다. 태양에서 뿜어지는 열기가 번개처럼 땅에 내리꽂혔다. 바깥은 집 안보다 훨씬 후덥지근했다. 금방 이마와 등에 땀방울이 맺혔.

태영이는 내리막길을 걸었다. 여기서 5분쯤 가면 골목 끝에 자그마한 슈퍼가 나온다. 그 집 주인아주머니와 할머니는 무척 친하다. 살 게 없어도 할머니는 거기만 가면 족히 한 시간은 있다가 오곤 했다.

길목의 중간쯤에 이르자 전봇대가 나타났다. 쇠기둥을 중심으로 쓰레기 더미가 쌓여 있었다. 그런데 거기서 생전 처음 맡는 냄새가 풍겼다.

"웩! 이게 무슨 냄새야."

태영이는 코를 틀어막았다. 학교에서 화장실 청소를 할 때보다 더 지독했다. 원래 고약한 냄새가 나긴 했지만, 올 여름 들어 무척 심해졌다. 날아다니는 파리들도 이전보다 두 배는 많아 보였다.

태영이는 힘겹게 걸음을 옮겼다. 평소 같았으면 뛰었겠지만 오늘은 기운이 나지 않았다. 골목 양옆으로 현관문을 활짝 열어 놓은 집들이 꽤 많이 보였다. 이 골목에는 혼자 사는 할아버지와 할머니들이 많다. 태영이가 사는 동네는 골목길을 사이에 두고 자그마한 집들이 양쪽에 다닥다닥 붙어 있었다. 여름엔 무진장 덥고, 겨울엔 무진장 추웠다. 대부분은 태영이네 할머니처럼 얇은 옷 한 장 걸치고 누워서 꼼짝도 하지 않았다. 선풍기가 있는 집도 있고, 보이지 않는 집도 있었다.

저 앞에 너덜너덜한 '은미슈퍼' 간판이 보였다. 옆에 놓인 널따란 평상에는 바둑판만 덩그러니 놓여 있었다. 원래는 하얀 중절모를 쓴 할아버지들이 부채질을 하며 바둑을 두고 커피를 마시던 곳이었다.

간신히 문 앞에 선 태영이는 가슴이 철렁했다. 유리문에는 '오늘 쉽니다.'라는 글이 붙어 있었다. 뒷덜미에서 땀이 줄줄 흘렀다.

태영이는 주먹으로 슈퍼 문을 두드렸다.

"아줌마! 저 태영이에요. 계세요? 저희 할머니가 많이 아파요! 아줌마, 진짜 안 계세요?"

아무리 기다려도 인기척이 나지 않았다. 문은 굳게 입을 다물기만 했다. 태영이는 그 자리에서 발을 동동 굴렀다.

"어떡하지?"

시멘트 땅에서 열기가 태영이의 다리를 타고 올라왔다. 태영이는 털퍼덕 주저앉고 싶었다. 하지만 이런 데에 앉으면 엉덩이가 달걀프라이처럼 익어 버릴지도 몰랐다.

태영이는 왔던 길을 도로 올라갔다. 한 걸음 내딛을 때마다 힘을 내야 했다. 얼마 못 가 쉬고 또 몇 걸음 오르다 쉬고 하다 보니 한참 만에 집 앞에 도착했다.

집에 들어서니 할머니는 같은 자세로 누워 있었다. 가까이서 보니 아까보다 얼굴이 더 창백했다. 태영이는 덜컥 겁이 나서 할머니를 재차 불렀다.

"할머니, 할머니 괜찮아? 얼른 일어나아."

"우으으."

할머니는 말도 제대로 하지 못했다. 머리가 아픈지 양팔로 머리를 꼭 싸매고 웅크린 채 누워 있었다.

"할머니……."

태영이는 자기 머리를 마구 쥐어박았다. 아침에 선풍기만 할머니에게 틀었더라면…….

태영이는 텔레비전 옆에 놓인 전화기를 들어 엄마 번호를 눌렀다. 원래 엄마는 일을 할 때 절대로 전화를 받지 않는다. 하지만 전화할 사람이 엄마밖에 없었다.

뚜, 뚜, 뚜.

수신음이 유난히 길게 들려오다가 음성 메시지로 넘어갔다. 평소 같았으면 전화를 끊었겠지만 태영이는 끝까지 전화를 붙들었다. 전화기에서 메시지를 남기라는 말과 함께 삐 소리가 났다.

"엄마! 도대체 어디 갔어? 왜 맨날 내가 찾으면 안 받아! 지금 할머니 엄청나게 아프단 말이야!"

태영이는 퍽 소리가 나게 전화기를 내려놓았다. 그리고 화장실로 가서 수건에 물을 적셔 왔다. 태영이는 젖은 수건으로 할머니 얼굴과 목덜미를 조심스레 닦았다. 언젠가 드라마에서 몸이 아픈 사람에게 이렇게 한 걸 본 적이 있었다.

"할머니, 내가 잘못했어. 혼자 선풍기 바람 쐬어서 미안해."

태영이는 눈물이 나려고 했다. 할머니는 모기만 한 소리로 계속 무언가를 중얼거렸다.

"내가 병원에 가서 엄마 데리고 올게. 할머니가 아프다고 하면 바로 오실 거야."

태영이는 할머니 이마 위에 수건을 올려놓고 일어났다. 바로 현관문을 나서려는데 목이 탔다. 태영이는 집으로 도로 들어와 냉장고 문을 열었다. 1리터짜리 생수통은 만지기만 해도 시원했다. 태영이는 생수통을 통째로 꺼내 물을 들이켰다. 물을 머리 위로 들이붓고 싶었지만 참았다.

"하, 이따가 엄마랑 집에 오면 샤워부터 해야지."

그런 다짐을 하며 태영이는 다시 현관문을 나섰다. 밖에는 사람들이 거의 없었다. 뉴스에서 말한 대로 다들 집에만 있는 모양이었다. 동네 공원에서 물을 파는 아저씨가 포장마차를 세워 놓고 커다란 부채로 열심히 부채질을 했다.

갑자기 뒷덜미와 팔 안쪽이 간지러웠다. 하도 가려워서 태영이는 가다 말고 서서 몸을 벅벅 긁었다. 땀범벅인 몸을 긁어서 그런지 피부가 금방 벌게졌다. 걷다 보니 저 앞에 새하얀 병원 건물이 보였다.

문 안으로 들어가자 에어컨 바람이 훅 끼쳤다. 온몸에 났던 땀이 단번에 마르는 듯했다. 태영이는 정면에 있는 접수대로 달려갔다. 송 간호사 누나가 멀리서 달려오는 태영이를 보고 싱긋 웃었다.

"오랜만이네? 요즘 통 안 오더니."

"안녕하세요, 누나. 저희 엄마 계세요?"

"어쩌지? 박 간호사님 아까 밖으로 급히 나가셨어."

태영이는 울컥했다. 순간 엄마가 병원에서가 아니라 세상에서 사라진 기분이 들었다. 태영이는 참았던 눈물이 터졌다. 간호사 언니가 접수대에서 나와 쭈그려 앉고는 태영이의 손을 잡아 줬다.

"어머머, 태영아, 무슨 일 있었어?"

태영이는 눈물이 멈추지 않았다. 환자들은 열심히 돌보면서 자신에게 늘 '나중에'라고 말하는 엄마도, 아픈 할머니 대신 선풍기를 독차지했던 자신도 미웠다. 엄마는 왜 이렇게 바쁠까? 지금은 엄마가 돌보는 사람들처럼 할머니도 많이 아픈데.

그런데 속이 메슥거렸다. 뱃속에서 파도가 요동치는 듯했다.

"웨에엑!"

 태영이는 그 자리에서 구토를 했다. 누런 액체가 바닥에 쏟아졌다.
 "아이고, 이를 어째?"
 송 간호사 누나는 접수대에서 휴지를 뽑아 와 태영이의 입을 닦아 주고 나서 이마를 짚었다.
 "어쩜 좋아. 더위를 먹은 것 같네. 땀띠도 났잖아? 태영아, 누나랑 저 의자에 앉아서 좀 쉬자."
 송 간호사 누나는 태영이를 긴 소파에 데려가 뉘였다. 태영이는 머리가 핑글핑글 돌았다. 간호사 누나가 접수대 아래에서 이온 음료와 연고를 가지고 나왔다.
 "우선 이것부터 마셔. 땀을 너무 많이 흘려서 탈수 증상이 나타날 수 있어. 그리고 이건 땀띠 난 데 바르는 연고야. 집에 가서 수시로 발라. 알았지?"

"고맙습니다. 저 가 볼게요. 할머니가 아프셔서 빨리 가야 해요. 엄마 오시면 연락하라고 전해 주세요."

"벌써? 태영아 너도 이렇게 아픈데……. 그럼 기다려 봐."

간호사 누나가 진료실로 들어가더니 조금 있다가 나왔다. 손에 차 열쇠와 응급 키트가 들려 있었다.

"잠시 허락 받고 나왔어. 차로 데려다 줄게. 누나랑 같이 가자."

"네."

태영이는 누나 손에 이끌려서 차에 올라탔다. 이제는 말할 기력조차 나지 않았다. 올해 여름은 정말 이상하다.

집 앞에 도착해 현관문을 열었다. 그런데 현관에 할머니 신발 말고 검은 구두가 놓여 있었다.

"엄마?"

태영이는 휘청거리며 집 안으로 들어섰다. 간호사복을 입은 엄마가 무릎을 꿇고 할머니의 땀을 닦고 있었다. 좁은 거실엔 비닐을 뜯지 않은 선풍기 한 대가 놓여 있었다. 엄마가 태영이를 보더니 눈을 동그랗게 떴다.

"태영아, 어디 갔었어? 네가 남긴 메시지 듣고 집으로 바로 달려왔어. 할머니가 일사병에 걸리셨나 봐. 하마타면 병이 심해져서 열사병이 될 뻔했어. 네 덕에 바로 처치했으니 쉬시면 곧 나아지실 거야."

"엄마……."

태영이는 엄마 품으로 달려들었다. 그 바람에 엄마 손에 들려 있던 물수건이 떨어졌다. 엄마는 태영이를 도닥였다. 뒤에서 송 간호사 누나가 말했다.

"박 간호사님, 태영이가 참 착해요. 땀띠까지 나고 더위를 먹어서 힘들어 하는데도 할머니한테 가야 한다고 하는 거 있죠?"

"정말요? 우리 아들 다 컸네?"

"아, 아냐!"

태영이는 갑자기 얼굴이 뜨거워져서 엄마 품에 발개진 얼굴을 파묻었다.

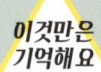

폭염이 왔을 때 살아남는 방법

폭염이 뭐예요?

엄마, 폭염이 무슨 뜻이에요?

한자 뜻부터 찾아볼까? 폭염은 '사나울 폭(暴)' 자에 '불꽃 염(炎)' 자가 합해진 말이야. 말 그대로 심각한 더위라는 뜻이지.

그럼 폭염 주의보랑 폭염 경보는 뭐예요? 뉴스 보니까 언제는 폭염 주의보라고 했다가, 또 언제는 폭염 경보라고 하는데 차이를 잘 모르겠어요.

몇몇 나라에서는 폭염이 오면 특보(특별히 알리는 소식)를 내려. 사람들이 폭염에 대비하도록 알려 주기 위해서야. 우리나라 기상청에서는 6월에서 9월 사이에 이틀 연속 하루 최고 기온이 33도 이상이면 폭염 주의보를, 35도 이상이면 폭염 경보를 내리지.

아, 이제 알겠어요! 그럼 이런 폭염은 왜 생기는 거예요?

폭염은 공기의 자연스런 흐름에 의해, 혹은 지구온난화 때문에 생겨. 최근엔 지구온난화가 가장 큰 원인이라고 해.

너무 더우면 목숨이 위험해질지도 몰라요

전 이번 일을 겪기 전까진 폭염이 위험한 건지 몰랐어요. 할머니가 아프실 때 정말 깜짝 놀랐거든요.

폭염은 사람들의 건강에 안 좋은 영향을 끼쳐. 기온이 급격히 오르면 여러 가지 질병에 걸리게 되거든. 화상을 입을 수도 있고, 땀띠부터 일사병 같은 병에 걸리기 쉽지. 몸의 체온이 40도 이상 지속되는 열사병에 걸리면 온몸의 장기가 손상돼. 자칫하면 목숨을 잃게 되지.

 진짜요? 너무 더워도 문제구나.

 그럼. 폭염 때문에 여러 사람들이 한꺼번에 죽기도 했었어. 1995년 7월 미국에선 40도에 달하는 폭염으로 16일 사이에 약 450명이 숨졌어. 2003년 8월 유럽 8개 국가에선 폭염으로 무려 7만 명의 사람들이 세상을 떠났지.

 폭염이 전염병보다 더하네요?

 그런가 하면 자연도 황폐해져. 큰 강에 녹조 현상이 생기고 농작물은 바싹 말라 버리지. 동물들도 무사하지 못해. 2016년 우리나라에선 폭염 때 닭 375만 마리, 돼지 8천400마리 등 총 418만 마리의 가축들이 폐사했어.

폭염이 오면 이렇게 대처해요

 엄마, 그러면 앞으로 폭염이 오면 꼼짝없이 당해야만 해요?

 아니야. 폭염은 대처만 잘하면 비교적 안전하게 보낼 수 있어. 우선 햇볕이 가장 센 12시부터 오후 5시 사이엔 바깥출입을 하지 않는 게 좋아. 서늘한 곳에서 체온을 유지해야 하지. 밖에 나갈 땐 챙이 넓은 모자와 물병은 꼭 챙겨야 해.

 그럼 전 하루 종일 선풍기 앞에만 있을래요.

 하지만 찬바람을 너무 오래 쐬면 그것도 몸에 좋지 않아. 체온이 급격히 떨어져서 냉방병에 걸리기 쉬우니까. 그러니 선풍기는 한곳에 계속 두지 않도록 주의하고, 에어컨을 쓸 때는 바깥과 실내의 온도 차이는 5도쯤 유지하는 게 좋아. 만약 냉방 기구가 없는 곳에 있다면 검은 천으로 햇볕을 가리면 돼.

 저 대비법 또 알 것 같아요. 물 많이 마시기! 맞죠?

 딩동댕! 특히 물은 자주 마셔야 해. 땀을 많이 흘리면 탈수 현상이 올 수 있으니까. 더위로 지쳤을 땐 이온 음료도 도움이 된단다. 하지만 주스나 탄산음료처럼 당분이 많이 들어간 음료수는 좋지 않아. 당분 때문에 오히려 갈증이 더 날 수 있거든. 음식도 조심해야 해. 회나 초밥같이 익히지 않은 음식은 금방 상할 수 있으니 먹지 않는 게 좋아.

병원 가는 길

청렴이는 침대에서 번쩍 눈을 떴다. 진동 소리가 요란했다. 청렴이는 당장 고개를 돌려 휴대폰을 켰다. 확인하지 않은 메시지가 58개나 와 있었다.

"어? 아빠가?"

청렴이는 재빨리 채팅 어플리케이션을 켰다. 그러나 아빠는 오늘도 묵묵부답이었다. 메시지는 쉴 새 없이 반 전체 채팅방으로 쏟아졌다. 청렴이는 한숨을 쉬며 단체 채팅방으로 들어갔다. 첫 주자는 또 그 녀석이었다.

윤재 : ★특종★ 성실병원 의사 도망! 독감 바이러스에 걸린 환자가 치료받던 중 죽자 미국으로 튐! 병원과 가족들도 의사와 연락이 닿지 않는다고 함!

청렴이는 심장이 철렁했다. 성실병원에 있는 아빠가 생각났다.

보름 전, 동네에서 가장 큰 성실병원이 바이러스 치료 병원으로 정해졌다. 그날 아빠는 짐을 싸서 병원으로 출근해 여태 돌아오지 않았다. 아빠가 나가기 전에 청렴이에게 말했다.

"청렴아, 지금 감기 바이러스 때문에 우리나라가 비상사태야. 곧 있으면 학교도 쉴 거야. 학원도 가지 말고 집에만 있어. 알겠지? 누나도 학교 쉬니까 같이 지낼 거야. 도우미 아주머니도 더 자주 오실 거고. 걱정하지 마, 아빠가 연락 매일 할게."

정말로 아빠가 말한 대로 이루어졌다. 이틀 뒤에 학교는 임시 방학을 했다. 학원부터 백화점, 영화관도 하나둘씩 문을 닫았다. 매일 밤늦게 집에 왔던 고등학생 누나도 집에서 나가지 않았다. 청렴이는 다른 아이들처럼 온종일 집에서 지냈다. 반나절만 있던 도우미 아주머니도 저녁이 되어서야 돌아갔다.

시간이 지날수록 청렴이는 아빠가 보고 싶었다. 그런데 아빠는 어느 날부터인가 전화도 하루에 한 번 겨우 하더니, 사흘 전부터는 연락조차 없었다. 모처럼 집에 있는 누나는 밥 먹을 때 빼고는 좀처럼 자기 방에서 나오지 않았다.

청렴이는 손가락으로 천천히 채팅방을 내렸다. 아이들은 저마다 한마디씩 늘어놓기 바빴다.

민지 : 헐, 대박! 이번 바이러스 진짜 무섭네. 밖에 돌아다니는 사람들 죄다 좀비라던데.

주은 : 감기 바이러스 걸리면 그 자리에서 피 토하고 죽는대. 나라에서 사람들이 폭동 일으킬까 봐 치사율 45프로라고 속인 거래.

희수 : 이대로 영영 못 나가는 거 아냐? 일주일 넘게 집에만 있으니까 답답해 죽겠다. ㅠㅠ

"이 뻥쟁이가 저번에도 그러더니."

청렴이는 손이 부들부들 떨려 왔다.

청렴 : 김윤재, 왜 이상한 얘기 퍼뜨려. 피 토하고 죽는단 얘기 퍼뜨린 것도 너지? 그게 사실인지 아닌지 네가 어떻게 알아? 그리고 아빠가 얼마 전에 그랬어. 바이러스 치료 다 끝나 간다고.

윤재 : 네가 왜 화 내고 난리야. 혹시 도망쳤다는 의사 너희 아버지냐?

청렴 : 야, 너 말 함부로 할래?

윤재 : 그럼 직접 인증 사진이라도 찍어 올리던가!

청렴 : 어! 누구 말이 맞나 보자.

청렴이는 곧장 아빠에게 전화를 걸었다. 연달아 다섯 번이나 걸었지만 아빠는 받지 않았다.

"맨날 연락한다고 했으면서!"

청렴이는 침대에 누운 채로 발을 쿵쿵 굴렀다. 눈물이 핑 돌았다.

'진짜로 무슨 일이 생긴 건 아니겠지?'

이렇게 연락이 안 되기는 처음이었다. 2년 전, 엄마가 하늘나라로 가신 뒤부터 아빠는 청렴이와 누나를 더 챙겼다. 특히 청렴이와는 아무리 바빠도 매일 문자 메시지를 주고받았다. 청렴이가 고민을 털어놓으면 몽땅 해결해 주었다.

청렴이는 아빠가 늘 자랑스러웠다. 멋진 아빠에게 바이러스쯤이야 식은 죽 먹기일 거다. 소문의 주인공이 적어도 아빠는 아닐 거다.

청렴이는 베개에 얼굴을 파묻었다. 이런저런 고민을 하는데 갑자기 생각이 떠올랐다.

"그래, 직접 병원으로 가면 되지! 그럼 아빠도 보고 뺑쟁이한테 한방 먹일 수 있잖아. 어차피 바이러스 치료도 다 끝나 간다고 했으니까 괜찮을 거야!"

청렴이는 벌떡 일어나 방을 나섰다. 화장실로 들어가서 손부터 씻었다. 비누를 듬뿍 묻혀 거품을 낸 다음 손가락 사이사이와 손목까지 박박 닦았다. 수건으로 물기를 닦고 빳빳해진 손을 쥐었다 폈다 했다. 집에만 있는데도 그렇게 손을 씻어야 마음이 편했다.

청렴이는 화장실에서 나와 옷을 잔뜩 껴입고 목도리를 칭칭 감았다. 마지막으로 세균 차단 마스크까지 썼다. 거울을 보니 한겨울 복장이었다. 청렴이는 자기 모습을 보고 웃음이 났다.

청렴이는 나가기 전에 누나 방문을 살짝 열었다. 마침 누나는 곤히 자고 있었다. 청렴이는 소리도 내지 않고 문을 조심스럽게 닫았다.

그런데 문득 밖으로 나가지 말라던 아빠 말이 걸렸다. 머릿속에 피를 토하고 쓰러진 사람들도 떠올랐다.

"병원만 갔다 오면 괜찮아. 아빠만 보고 바로 올 거야."

청렴이는 현관문을 열고 나갔다. 문을 열자마자 바람이 얼굴을 스쳤다.

아파트 밖에는 사람이 한 명도 보이질 않았다. 아파트 화단을 돌아다니던 길고양이들조차 없었다. 거리에는 차들만 주차장에 빼곡했다.

"지, 진짜 한 사람도 없네."

청렴이는 왼쪽 길로 돌아가 아파트 단지를 벗어났다. 거기서 3분만 걸어가면 초등학교가 나오는데, 그 앞이 버스 정류장이었다.

아파트 옆 종합상가에는 대부분 불이 꺼져 있었다. 건너편에 자리한 대형 슈퍼에는 '바이러스 비상사태로 인해 당분간 쉽니다.'라는 종이가 붙어 있었다. 청렴이는 길을 건넜다. 오가는 차들도 없었다. 거리 전체가 잠시 멈춘 듯했다.

청렴이는 학교 앞까지 걸어갔다. 학교를 둘러싼 담에는 온갖 포스터가 덕지덕지 붙어 있었다. 청렴이는 '바이러스 예방', '바이러스 늑장 대응한 정부는 물러가라' 등의 표어들을 눈으로 훑으며 지나갔다. 벽을 지나니 텅 빈 운동장이 대번 눈에 들어왔다. 운동장엔 축구공 대신 쓰레기들이 굴러다녔다.

"축구하고 싶다. 밖에서 논 지 진짜 오래됐는데."

청렴이는 반 친구들이 보고 싶어졌다. 온종일 채팅방에서 말하지만 그것만으로는 어딘가 부족했다.

버스 정류장에도 아무도 없었다. 전광판에는 01번 버스가 '곧 도착'이라고 나와 있었다. 01번 버스를 타고 여섯 정거장 가면 성실병원에 도착한다.

정말로 멀리서 부르릉 소리가 들렸다. 청렴이는 조용한 거리에서 다가오는 버스가 반가워 손을 크게 흔들었다.

버스가 청렴이 앞에 서서 문을 열었다. 버스 기사 아저씨가 청렴이를 보자마자 말했다.

"어린 녀석이 밖에 왜 나왔어? 노약자는 바이러스에 걸리기 더 쉬운 거 몰라?"

버스 기사 아저씨가 눈을 가늘게 뜨고 청렴이를 쳐다봤다. 청렴이는 아저씨가 내리라고 할까 봐 얼른 올라타서 교통카드를 찍고 맨 뒷자리로 가서 앉았다.

버스 안에는 네 명의 사람들이 타고 있었다. 모두 나이 지긋한 아저씨들 같았다. 청렴이 또래는 없었다.

버스는 빠른 속도로 단지를 벗어났다. 시내 쪽으로 나가니 사람들이 드문드문 보였다. 다들 약속이라도 한 듯 마스크를 쓰고 있었다. 공원에는 턱수염이 덥수룩한 아저씨가 나무 의자에 누워 있었다. 하지만 피를 토하고 쓰러진 사람은 하나도 없었다. 터덜터덜 걸어가는 사람들은 있어도, 좀비처럼 피부가 퍼런 사람은 보이지 않았다.

청렴이는 버스에서 계속 아빠에게 전화를 걸었다. 하지만 부재중 전화만 쌓여 갔다. 청렴이는 아빠에게 메시지를 보냈다.

'아빠! 왜 이렇게 연락도 없어? 무슨 일 있어? 나 지금 병원 가고 있으니까 꼭 나와야 해!'

문자 메시지를 보내고 청렴이는 고개를 들었다. 그런데 버스 뒷문이 열리면서 찬바람이 청렴이 콧구멍으로 훅 들어왔다. 갑자기 콧속이 간지러웠다.

"에, 에이취이!"

청렴이는 시원하게 재채기를 하고서 소매로 코를 닦았다. 그런데 갑자기 주변이 싸늘했다. 곧 버스에서 안내 방송이 나왔다.

"딩동, 이번 정류장은 중앙예식장, 중앙예식장입니다. 다음 정류장은……."

그런데 사람들이 우르르 뒷문으로 가서 섰다. 버스 기사 아저씨는 거울 너머로 청렴이를 쏘아보았다. 일행 같지는 않았는데 문이 열리자마자 사람들이 모두 내리기 시작했다. 마지막으로 내리는 대머리 아저씨가 청렴이를 흘끗 보며

구시렁거렸다.

"하 참, 바이러스 걸리는 거 아냐?"

무척 작았는데도 아저씨 말은 청렴이 귀에 또렷하게 들렸다. 청렴이는 버스에서 내린 아저씨를 말없이 노려보았다. 아저씨는 버스에서 자신을 쳐다보는 청렴이의 눈길을 피하는 듯했다.

청렴이는 순간 자신이 바이러스 덩어리가 된 것만 같았다. 코가 간지러워서 재채기를 했을 뿐인데 도둑질한 것처럼 죄지은 기분이 들었다. 청렴이는 입술을 앙다물었다.

'혹시 바이러스에 걸린 걸까? 아니야! 맨날 손도 깨끗이 씻었고, 물도 끓여 둔 것만 마셨어. 백신 주사도 맞았단 말이야. 10일 동안 꾹 참고 밖에 한 번도 안 나갔어. 아빠가 시키는 대로 다 했어. 그러니까 그럴 리 없어!'

청렴이는 빨리 버스가 성실병원에 도착하길 바랐다. 버스 기사 아저씨에게 눈치가 보였다. 얼른 가서 하얀 가운을 입은 아빠 품에 안기고 싶었다.

병원이 가까워질수록 다시 사람들이 눈에 띄게 줄었다.

"딩동, 이번 정류장은 성실병원, 성실병원입니다."

청렴이는 안내 음성을 듣자마자 일어나서 벨을 눌렀다. 그런데 기사 아저씨가 다시 청렴이를 불렀다.

"얘, 성실병원에는 왜 가려고 그래? 거기 바이러스 지정 병원이라고. 너 같은 어린애들이 가면 바이러스한테 '날 잡아 잡수' 하는 거야."

"괜찮아요. 아빠만 보고 올 거예요."

청렴이는 열린 문으로 재빨리 내렸다. 하얗고 커다란 성실병원 건물이 유난히 반가웠다. 저 안에 아빠가 있다.

정말로 병원 근처에는 아무도 없었다. 병원 문으로 하얀 우주복을 입은 사람들이 들락거렸다. 그걸 보자 청렴이는 덜컥 겁이 났다. 이곳에도 자신과 비슷해 보이는 아이는 없었다. 어른들은 몇몇 빼고 죄다 우주복을 입었다. 그러나 이대로 집으로 돌아갈 수는 없었다.

그때 우주복을 입은 사람들 중 한 명이 청렴이를 보더니 뛰어왔다. 고글에 마스크를 끼고 있어 얼굴을 알아볼 수 없었다.

"얘, 여기까지 어떻게 왔니? 이 근처는 아주 위험해!"

"왜요? 병원은 아픈 사람들을 치료해 주는 곳이잖아요."

"환자들이 모이니까 병균들이 바글바글하지. 다른 데보다 더 쉽게 감염돼. 아저씨처럼 병원에서 일하는 사람들은 바이러스를 피하기 위해 다 이런 옷을 입는다고."

"하지만 저는 아빠를 봐야 해요. 우리 아빠가 성실병원 의사인데 3일 전부터 연락이 안 된단 말이에요."

그러자 우주복 아저씨는 물끄러미 청렴이를 쳐다보다가 다시 입을 열었다.

"꼬마야, 이름이 뭐야?"

"제 이름은 김청렴이고요, 그리고 아버지는 김, 기자 준자예요. 우리 아빠 여기 병원 의사 선생님 맞아요. 아빠 만나러 여기까지 왔단 말이에요. 그때까지 집에 안 갈 거예요."

"아, 김 교수님? 아마 치료가 늦어져서 연락이 안 됐을 거야. 요즘 환자들이 늘어

서 말이다. 진료실 안에는 우리 같은 직원도 함부로 못 들어가. 가족들도 당연하고. 일단 저 버스 타고 집으로 돌아가라, 응? 아저씨가 교수님께 꼭 말씀 드릴게. 너 백신은 맞았지?"

"당연하죠. 그것도 아빠가 맞혀 줬어요. 그런데 아저씨……."

청렴이는 고개를 숙였다. 아저씨가 쭈그려 앉아 청렴이와 눈을 맞추었다. 청렴이가 겨우 말을 꺼냈다.

"우리 아빠, 진짜 병원에 있죠? 미국으로 간 거 아니죠?"

청렴이는 이빨로 입술을 깨물었다. 밤마다 봤던 아빠 사진과 친구들과 나누었던 괴담들, 버스에서 마주쳤던 대머리 아저씨의 눈빛이 빠르게 스쳐갔다.

우주복 아저씨는 두터운 장갑으로 청렴이의 어깨를 두드렸다.

"하하, 요즘 우리 병원을 두고 별 소문이 다 돌더구나. 우리 병원에서 비행기 탄 의사 선생님은 없단다. 걱정 말고 어서 집으로 가렴. 여기 오래 있다가 감기라도 걸리면 아빠가 무척 마음 아파하실 거야."

그 말에 청렴이는 풀 죽은 채로 돌아섰다. 마침 마을버스가 들어서고 있었다.

"얼른 들어가. 집에 가서 샤워 꼭 하고. 아저씨가 꼭 얘기해서 교수님보고 통화하라고 할게. 잘 가!"

우주복 아저씨는 청렴이 등을 버스 위로 떠밀었다. 청렴이는 얼결에 버스에 올라타고 말았다. 버스가 빠른 속도로 병원에서 멀어져갔다.

청렴이는 창문을 내다봤다. 여전히 거리는 쓸쓸하고 한적했다. 버스 안에는 청렴이 밖에 없었다. 청렴이는 휴대폰을 꼭 쥐었다.

조금 있다가 휴대폰이 울렸다. 화면에 아빠 이름이 떠 있었다. 청렴이는 통화 버튼을 눌렀다. 전화기 너머로 반가운 아빠 목소리가 들려왔다.

"청렴아! 미안하다. 아빠가 많이 늦었지?"

"아빠!"

청렴이는 눈앞에 아빠가 정말 있는 것처럼 얼굴 가득 미소를 지었다. 털어놓을 얘기가 산더미였다.

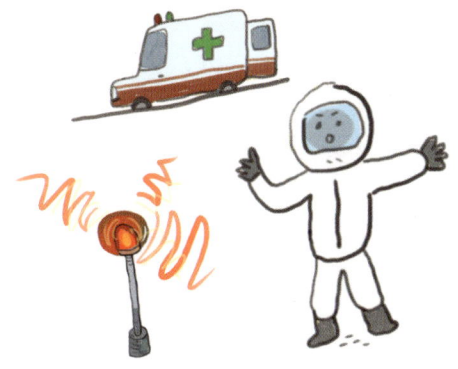

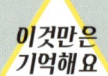
이것만은 기억해요

바이러스에 감염됐을 때 살아남는 방법

바이러스가 뭐예요?

청렴: 아빠, 바이러스가 뭐예요?

아빠: 바이러스는 살아 있는 세포에 기생하는 미생물체야.

청렴: 바이러스가 세포에 기생한다고요?

아빠: 응, 바이러스는 스스로의 힘으로 살지 못해. 다른 세포나 박테리아에 들어가야만 살아남지. 그 안에서 번식을 해. 자신과 같은 바이러스를 계속 만들어 내면서 숙주를 괴롭혀. 이걸 '감염'이라고 부른단다.

청렴: 바이러스는 어떻게 생겼어요? 생김새도 무시무시할 것 같아요.

아빠: 크기가 무척이나 작아. 얼마만 하냐면 일반 현미경으로는 눈에 보이지 않지. 그래서 전자 현미경이 발명되기 전까진 바이러스를 발견하지 못했어. 바이러스의 종류는 무진장 많아. 지금까지 발견된 종류만 5천 종이 넘지. 아직까지 발견되지 않은 바이러스도 많아. 단순한 감기부터 무서운 전염병까지 다양하지.

목숨을 앗아갈 만큼 무시무시한 바이러스

청렴: 눈에도 안 보이는 게 전염병까지 일으킨다니 믿기지가 않아요.

아빠: 바이러스를 결코 만만히 보면 안 돼. 14세기 유럽에서는 페스트균으로 흑사병이 일파만파 퍼졌어. 무려 2천만 명의 사람들이 죽었지. 페스트 때문에 전쟁도 중단될 정도였어. 그런가 하면 1975년에는 아시아 독감으로 100만 명이 넘게 사망했어. 2013년 겨울부터 아프리카를 강타한 에볼라 바이러스는 2천 명의 목숨을 앗아갔지.

바이러스에 감염되지 않으려면 이렇게 해요

바이러스는 우리가 꼭 조심해야 해. 그러니 예방부터 바이러스 사태에 대처하는 방법까지 알아 두어야겠지?

 네. 그건 잘 알아요! 수시로 손 씻기가 첫 번째죠?

맞아. 손 씻기는 기본 중에 기본이야. 대부분의 감기 바이러스는 손을 통해 감염되거든. 그래서 평소에 손을 자주 씻으면 바이러스를 막을 수 있어. 특히 밖에 나갔다 오면 반드시 손을 씻어야 해. 평소에 운동을 열심히 하고 음식도 골고루 먹어야 하지. 몸이 건강하면 바이러스를 거뜬히 이겨 낼 수 있단다. 바이러스는 면역력이 떨어진 사람들에게 쉽게 들어가.

 그거라면 자신 있죠! 맨날 축구하고 밥도 남기지 않고 먹을 거예요.

그리고 예방 주사를 미리 맞는 게 좋아. 바이러스는 보통 질병을 옮기는 곤충이나 동물, 바이러스에 감염된 사람의 체액에서 감염돼. 예방 주사를 맞으면 몸에 바이러스를 이겨 낼 항체가 생겨서 바이러스가 우리 몸에 들어와도 번식하지 못 하지.

 저도 백신 주사 맞아서 밖에 나가도 바이러스에 안 걸렸나 봐요!

하지만 백화점이나 운동장처럼 사람들이 많이 모이는 곳에는 가지 않는 게 좋아. 바이러스 비상사태에는 누가 감염되었을지 모르니까. 특히나 병원은 위험해. 병원에는 아픈 사람들이 많이 모여서 바이러스가 금방 옮을 수 있단다. 바이러스가 유행일 때는 병원 갈 때도 특히 조심해야 해.

 와, 알아 둘 게 많네요.

마지막으로 명심할 게 있단다. 정보를 정확하게 아는 거야. 바이러스 비상사태에 들어갔다면 우선 뉴스를 꾸준히 챙겨 보는 게 좋아. 많은 사람들이 병에 걸리면 이상한 괴담들이 떠지거든. 그러면 마음만 불안해지고, 결국 마음도 몸도 건강하지 못하게 살게 되지. 유행하는 바이러스에 대해 제대로 알면 괴담에 속지 않을 수 있어.

자욱한 연기 속에서

"잠깐만 있어 봐. 이게 무슨 냄새지."

희수는 뮤지컬 동영상을 틀어 놓고 동생과 함께 노래를 따라 부르며 춤을 추던 중이었다. 아까부터 신경이 쓰였다. 희수는 벽을 더듬어 부엌 베란다 쪽으로 다가갔다. 왠지 느낌이 좋지 않았다. 베란다로 다가가니 문틈으로 탄 냄새가 들어오는 것 같았다. 가끔씩 아래층에서 올라오는 담배 냄새와는 분명 달랐다.

은수는 언니가 그러거나 말거나 여전히 신나게 파닥거리며 움직이고 있었다. 엄마가 외출하면 둘은 약속이나 한 듯 인터넷에서 뮤지컬 영상을 검색했다. 재생 버튼을 누르면 파티 시작이었다. 희수는 1급 시각 장애가 있어서 늘 어둠 속 희미한 빛에 의지해 조심조심 움직여야 했다. 낭랑한 목소리로 노래를 외워 부르며 자유롭게 움직일 때가 가장 행복한 순간이었다. 가끔 중심을 잃고 넘어져도 깜짝 놀란 동생의 걱정은

아랑곳하지 않고 깔깔 웃으며 즐거워했다.

희수는 베란다 문을 벌컥 열었다. 그때였다. 한꺼번에 부엌으로 쏟아져 들어오는 매캐한 연기에 희수는 뒤로 나자빠졌다.

"부, 불이야!"

희수가 외치는 소리에 은수는 놀라서 스피커 전원을 껐다. 이게 무슨 일인가 싶어 가만히 서 있었다. 희수는 엉금엉금 기어서 베란다 문을 더듬어 손잡이를 잡아당기려고 손을 뻗었다. 그러다 뜨거운 기운이 느껴져 마치 진짜 불에 덴 듯 움찔하며 손을 뗐다. 불이 어떻게 난 건지, 얼마나 난 건지 보이지 않아 더 무서웠다. 희수는 간신히 일어나 뒷걸음질 치며 거실 쪽으로 돌아왔다.

"언니, 뭐야?"

은수는 집 안으로 들어온 연기에 코를 잡았다.

"은수야. 우리 소화기 어디 있지? 저번에 경비실에서 받은 거."

"언니, 나 할 줄 몰라. 소화기로 불 끌 줄 몰라."

은수는 불이란 말에 덜컥 겁이 났다. 희수는 자신의 양 볼을 몇 번 두드리고 정신을 가다듬었다.

'정신 차리자. 훈련받은 대로 하면 돼. 은수도 내가 지켜줘야 해.'

"은수야. 현관 밖으로 나가서 화재경보기 눌러. 어서!"

희수는 곧바로 욕실로 향했다. 은수는 현관 밖으로 뛰어 나갔다. 계단이 있는 통로에도 뿌연 연기가 가득하고 탄 냄새가 느껴졌다. 빨간 소화전으로 시선을 돌렸다. 동그란 화재 경보 발신기가 보였다. 은수의 작은 손이 덜덜 떨렸다. 눈앞에 보이는 버튼

을 눌러 봤다. 잘 눌러지지 않았다. 은수는 양 주먹을 꼭 쥔 다음 엄지손가락 두 개를 포개 힘껏 버튼을 눌렀다. 귀가 아플 정도로 시끄러운 경보음이 울리기 시작했다.
"불이야!"
문 밖에서 누군가 다급히 외치는 소리와

함께 다른 집 문을 두드리는 소리가 들렸다. 은수는 다시 집으로 들어와 욕실에 있는 희수에게 소리쳤다.

"언니, 뭐해? 엄, 엄마한테 전화할까? 그리고 밖에도 연기가 있어."

은수는 뭘 어째야 할지 몰랐다.

"언니가 물수건 준비할 테니까, 은수 너, 집전화로 119에 전화해."

"응!"

"저기, 언니 휴대폰 챙기고. 어디다 놨더라?"

희수는 마음이 급해서 휴대폰을 어디에 뒀는지 생각나지 않았다. 늘 가지고 다니는 것들은 항상 같은 자리에 놓곤 하는데 말이다.

"여기 있어!"

"그래. 은수야, 바깥도 뜨거워? 혹시 모르니까 문손잡이 만지면 안 돼!"

"언니, 하나씩 말해 주면 안 돼? 하나씩?"

은수의 목소리가 떨렸다.

희수가 세 살 무렵 이사 와서 10년 가까이 산 집이었다. 희수는 태어날 때부터 시력이 아주 약해 앞이 거의 보이지 않았다. 그래

도 집 안에서만큼은 몇 걸음이면 어디인지 뭐가 있는지 훤히 보이듯 알 수 있었다. 화재 같은 비상 상황에서 해야 할 일들은 학교에서도 집에서도 귀에 못이 박히도록 들어왔다. 특히 다섯 살에 동생 은수가 태어난 뒤로, 엄마는 아직 어린 희수에게 혹독하리만큼 교육을 시켰다. 이럴 때는 이렇게 해야 해. 저럴 때는 저렇게 해야 해. 이런 건 절대 잊지 마…….

희수는 물을 세게 틀어 수건 두 개를 완전히 적셨다. 희수가 욕실에서 나오자 매캐한 연기가 코를 찔렀다. 다행히 아직 집 안까지 열기가 느껴지지는 않았다. 희수는 생각했다. 아마도 아래층에서 불이 난 것 같았다. 부엌 쪽 뒷베란다로 불이 옮겨 붙은 게 분명했다.

"소방관 아저씨세요? 저희 아파트에 불이 났어요. 연기가 막 들어와요. 네. 저는 2학년이구요, 우리 언니는 6학녀영엉엉……."

은수의 울먹임은 점점 울음으로 변했다. 희수는 은수의 팔을 잡고 수화기를 낚아챘다.

"제가 언닌데요. 은하수아파트 5동 10층인데요, 뒤쪽 베란다가 뜨겁고 연기가 심하게 들어와요. 네. 그리고 현관 쪽 복도에서도 연기가 나고요. 네. 10분이요? 네. 네. 비닐봉지로요? 네. 할 수 있어요. 네. 그럴게요."

희수가 전화를 끊자 은수가 눈물 콧물로 범벅된 얼굴을 들었다.

"위생 비닐봉지 두 개만 챙겨 봐. 어디 있는지 알지?"

"응."

희수 말에 은수는 부엌으로 달려가 얼른 돌돌 말린 비닐봉지 두 칸을 끊었다.

"언니. 소방차 온대? 금방 온대?"

"괜찮아. 이미 신고 접수 됐대. 자. 이거로 코랑 입 막고 나갈 거야."

"응."

희수는 적신 수건을 내밀었다. 은수는 훌쩍이면서 한 손으로 희수 소매를 꽉 잡은 채 물이 뚝뚝 떨어지도록 젖은 수건을 받아 들었다. 희수는 숨을 한 번 크게 내쉬었다.

"침착해야 해. 언니 말 잘 들어."

"응."

"불 난 연기를 마시면 큰일 나. 마셨다가는 앞으로 맛있는 음식 냄새를 하나도 못 맡을지도 몰라!"

"응."

"그리고 목소리도 안 나올지도 몰라! 마법에 걸린 에이리얼처럼. 옛날 디즈니 인어공주에 나오는. 저번에 나랑 디브디 봤지?"

"응."

"몸을 최대한 숙여야 해. 이제 현관 밖으로 나가서 계단으로 내려갈 거야."

희수는 신발장 앞에 걸려 있는 시각장애인용 흰 지팡이를 쫙 펼쳤다.

"언니, 잠깐만. 내 몽실이."

"지금 그거 챙길 때가 아니야. 언니가 새로 사 줄게."

"빨리 갖고 올게! 10초만!"

희수는 이 와중에 강아지 인형을 챙기려는 은수가 답답했다. 방으로 뛰어 들어간 은수를 기다리는 동안 1초가 한 시간 같았다.

"언니, 엘리베이터 타고 가면 안 돼? 10층을 어떻게 걸어 내려가아."

"승강기 점검할 때는 잘만 걸으면서. 불났을 때 엘리베이터에 갇히면 큰일 나. 절대 안 돼."

희수는 은수를 더듬었다. 은수 양 어깨에 배낭끈이 만져졌다.

"엄마한테 전화하면 안 돼?"

"일단 나가고. 1층에 내려가면 바로 걸자. 알겠지? 자, 나가자!"

희수는 젖은 수건으로 현관문 손잡이를 잡았다. 뜨겁다는 느낌은 전혀 안 들었다. 숨을 훅 들이쉬고 문을 조금씩 살살 열었다. 문을 확 열었다가 혹시라도 바깥에 연기가 많으면 갑자기 들이마시게 될까 봐서다.

"언니 뒤에 꼭 붙어."

둘은 조심조심 밖으로 나갔다. 화재경보기가 어마어마하게 시끄럽게 울리고 있었다. 복도는 맵고 옅은 안개가 자욱하게 낀 것 같았다. 눈과 코가 심하게 따끔거렸다.

"수건 머리에 쓰고, 비닐봉지 불어."

"응?"

희수는 은수가 두 손을 사용할 수 있도록 자신의 소매를 꼭 쥔 은수의 손을 억지로 떼어 냈다.

"풍선 불듯이 비닐봉지를 후후 불어서 코랑 입에 대고 숨 쉬어. 자, 어서. 언니처럼 해!"

희수는 시범을 보였다. 운동선수가 땀을 식힐 때처럼 젖은 수건을 머리에 얹었다. 그리고 비닐봉지에 공기를 불어넣어 코와 입을 막았다. 숨 쉬기가 더 좋았다. 희수는 비닐봉지를 다시 입에서 떼었다. 손을 내밀어 은수가 제대로 하는지 확인하려고 너듬었다. 은수가 작은 두 손으로 부푼 비닐봉지를 입에 대고 있는 게 느껴졌다. 희수는 은수의 양 볼을 쓰다듬었다. 눈물과 진땀으로 얼굴이 엉망이었다. 희수는 은수의 이마와 볼에 달라붙은 머리카락을 쓸어 넘기며 얼굴을 소매로 닦아 주었다.

"언니가 이제 옆에서 너랑 어깨를 댄 채로 갈 거야. 같이 하나, 둘, 하나, 둘 마음속으로 세면서 계단 내려가자."

희수가 빠르게 말했다.

"고개 숙이고, 허리 최대한 숙이고. 할 수 있지?"

은수가 고개를 끄덕였다. 희수는 은수의 어깨를 더듬어 안고 벽 쪽으로 붙었다. 두 손으로 비닐봉지에 후, 후 공기를 불어넣고, 마음속으로 '하나, 둘' 세며 계단을 하나씩 밟았다.

갑자기 아래쪽에서 누군가 소란스럽게 뛰어 올라오는 소리가 들렸다.

"아이고, 안 돼. 못 내려가. 올라가야 해. 불이 밑에서 났어!"

"아니 이게 뭔 일이래."

누군가가 희수를 밀치며 뛰어 올라갔다. 희수가 휘청하며 저도 모르게 은수 쪽으로 몸을 기댔다.

"아야!"

콩 하고 은수 머리가 벽에 부딪혔다.

희수는 놀라 비닐봉지를 놓치고 은수의 머리를 감싸 안았다.

"콜록콜록."

순간 참을 수 없이 매캐한 연기가 코와 입으로 들어왔다. 희수는 적신 수건을 얼른 코에 갖다 댔다. 눈을 뜰 수가 없었다.

"아이고, 희수야! 엄마는? 올라가자. 얼른 가자."

그때 위층 할머니의 숨 가쁜 목소리가 들렸다. 마찬가지로 내려가다가 도로 올라오는 것 같았다. 할머니가 희수의 팔을 잡아당겼다.

"먼저 올라가세요. 아, 할머니! 우리 은수 좀."

희수는 자신만의 규칙이 있었다. 여러 번의 모의 훈련을 학교에서 받았다. 이런 상황에서는 규칙대로, 훈련받은 대로 행동하는 게 훨씬 덜 위험했다. 희수는 위급한 상황에 우왕좌왕하다가 상대방에게 폐가 될 수도 있다고 생각했지만, 은수는 빨리 내보내고 싶었다.

"아니야! 언니랑 갈 거야!"

은수는 고개를 세차게 저으며 희수에게 찰싹 달라붙었다.

"그래, 조심해서 어여 올라와라."

긴박한 상황이라 그런지 할머니는 지체하지 않고 발길을 재촉했다.

희수는 마음을 다잡고 은수의 어깨를 껴안은 채 돌아섰다.

"언니랑 보조 맞춰."

'하나, 둘, 하나, 둘.'

마음속으로 박자를 세며 허리를 숙이고 거의 기어 올라가듯 벽을 짚으며 계단을 올라가기 시작했다. 은수는 지치지 않고 잘 따라 왔다.

꼬박 10층을 더 올라갔다. 올라갈수록 숨 쉬기가 편해졌지만 허리와 무릎이 너무

아프고 손도 시렸다. 다행히 옥상 문이 열려 있었다.

마침내 바깥에 나가자 맑은 공기가 몸속으로 쏟아져 들어오는 듯했다. 바람결에 얼핏 연기 냄새가 나는 것도 같았다. 환한 겨울 햇살도 느껴졌다.

"아이고! 희수! 은수랑 집에 있었구나!"

"엄마 어디 갔니? 아이구야, 애들끼리. 큰일 날 뻔했네."

자매를 아는 사람들이 둘러싸며 웅성거렸다. 15층 아주머니는 콜록거리는 희수와 훌쩍거리는 은수를 한꺼번에 안아 주었다. 은수는 더 크게 앙 하고 울음이 터졌다. 희수도 긴장이 풀려서 그런지 자꾸 눈물이 났다.

"잘했네, 잘했어. 저도 저렇게 여린 것이, 희수가 아주 잘했다."

윗집 할머니 목소리가 들렸다. 희수 어깨를 두드렸다. 희수는 머리에 뒤집어쓰고 있던 수건으로 얼굴을 연신 훔쳤다.

"언니, 나 발 시려워. 우리 신발도 안 신었어."

은수가 훌쩍이며 희수 팔을 잡아당겼다. 희수는 발이 얼어붙는 것 같은 느낌이 들어 발을 꼼지락거렸다. 발바닥 앞부분으로 은수 발등을 문질러 줬다. 누군가 호들갑을 떨며 목도리 같은 것으로 아이들 발을 덮어 주었다. 부드럽고 포근한 감촉이 희수와 은수의 발을 감쌌다.

멀리서 소방차 사이렌 소리가 점점 가까이 들려 왔다. 반가움에 심장이 쿵쾅거리는 것 같았다. 잠시 후 온 동네가 떠나갈 듯 울려 퍼지는 사이렌 소리를 뚫고 사람들이 손을 흔들며 소리쳤다.

"언니, 다행이지."

"그래. 이제 괜찮아, 내 동생. 사실 언니도 속으로는 엄청 무서웠는데, 아주 아주 잘했어."

"언니 덕분에 살았어."

"우리 둘 다 잘했어."

희수는 은수를 꼭 껴안았다.

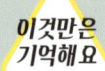

불이 났을 때 살아남는 방법

화재 예방, 습관이 중요해요

언니, 불은 왜 나는 거야? 불장난도 안 했는데 불이 저절로 날 때도 많더라.

저절로 난다기보다는 부주의하거나 신경을 기울이지 않아서 불이 나는 경우가 많아. 화재의 가장 큰 원인은 전기야. 접속 불량, 누전, 합선, 과열 같은 원인이 불에 잘 타는 재료를 만나면 큰 불로 번져서 자칫하면 대형 참사가 일어나기도 해.

작은 불이 큰 불이 되는 거구나!

그렇지. 가끔 어른들이 담배꽁초를 함부로 버리거나 아이들이 성냥이나 라이터로 장난을 치다가 불이 나기도 하지만, 사람들이 전기를 잘못 사용해서 불이 나는 경우가 많다고 해. 그래도 화재는 예방을 통해 충분히 막을 수 있는 재난이야. 가스레인지나 전기레인지를 사용할 때도 주의해야 해. 뭔가를 끓이느라 냄비를 올려놓고는 깜빡 잊고 가스 불을 안 끄고 외출해서 불이 나는 경우도 많거든.

맞아. 그래서 할머니 댁 현관문에 '가스, 전기 플러그 확인'이라고 엄청 크게 써서 붙여 놓으셨어.

응. 그렇게 늘 확인하는 습관이 필요해. 평소에 소화기 위치를 확인하고 사용법을 잘 익혀 두고, 쓰지 않는 가스 밸브는 항상 잠가 둬야 하지. 쓰지 않는 전기 제품은 플러그를 빼 놓고, 콘센트 주변도 먼지가 쌓이지 않게 신경 써야 해. 불꽃이 먼지에 불을 붙이기도 하거든.

불이 나면 이렇게 대처해요

언니, 저번에 우리 아파트에서 불났을 때, 그냥 1층으로 내려가서 밖으로 탈출하는 게 낫지 않았을까?

고층 건물에 있는데 불이 아래층에서 번지고 있는 경우에는 섣불리 아래층으로 내려가지 말고 옥상으로 피해야 할 수도 있어. 화재 경보음이 들리면 창밖부터 확인하고, 연기가 올라오고 있으면 옥상으로 대피해야 해. 엘리베이터는 절대로 타면 안 돼.

응. 그리고 문도 함부로 열지 말랬지?

맞아. 손을 문에 댔을 때 열기가 느껴지거나 문틈으로 연기가 들어오면, 119에 전화를 걸어 자신의 위치를 정확히 알려야 해. 눈앞에서 불이 났을 때는 불이 아직 옮겨 붙지 않았으면 소화기나 담요로 덮어서 끄고, 불이 옮겨 붙었으면 곧바로 화재경보기를 울리고 119에 신고한 뒤 대피해야 해. 대피할 때는 짧게 호흡하면서 계단 벽을 따라 이동하면 돼. 수건이든 옷이든 젖은 천으로 코와 입을 가리고, 최대한 몸을 낮춰서 연기를 들이마시지 않게 조심하고. 우리가 저번에 한 것처럼 비닐봉지에 바람을 넣어서 코와 입에 대고 가면 숨 쉬는 데 훨씬 도움이 돼.

화재는 노약자나 장애인에게 더 위험해요

화재는 물론 지진이나 태풍 같은 재난 상황에는 대부분의 사람들이 당황하고 갑작스럽게 일어난 일이라서 대처하기가 어려워. 그런데 나이가 많고 거동이 불편한 어르신들, 뱃속에 아기가 있는 임신부들, 아주 어린 아이들, 시각 장애나 청각 장애가 있는 사람들은 어떨까?

아, 생각만 해도 정말 힘들 것 같아.

물론이야. 평소에도 그렇지만, 재난 상황에는 특히 그런 사람들에 대한 배려가 필요해. 미국 세계 무역 센터 빌딩에서 9.11 테러가 일어났을 때 사람들이 계단으로 탈출하는데, 어른 세 명이 지나갈 수 있는 폭이었지만 한 줄은 비워 놓고 두 명씩 줄지어 내려갔대.

왜? 그럼 시간이 훨씬 많이 걸리잖아. 당장 빌딩이 무너질지도 모르는데.

비워 놓은 한 줄로 노약자를 먼저 탈출시키고, 소방관들이 빨리 올라가 사람들의 대피를 돕도록 하기 위해서였대. 정말 놀랍지? 다른 건 몰라도 그런 의식은 우리가 꼭 배워야 할 필요가 있어.

산속에서 길을 잃다

영지는 눈을 번쩍 떴다. 코앞에서 동그란 눈동자 네 개가 끔뻑끔뻑했다.

"영지야, 괜찮아?"

영지는 끙 소리를 내며 몸을 일으켰다. 머리고 어깨고 여기 저기 흙투성이였다. 얼굴도 긁혔는지 이마와 콧등이 따끔거렸다.

몇 분 전 상황이 떠올랐다. 오늘은 어린이 환경 탐방대 마지막 탐방 날, 영지는 신나게 내리막길을 내달리다가 그만 낙엽 무더기를 밟고 미끄러지며 넘어져 그대로 굴렀다. 영지는 순간적으로 양팔과 손으로 얼굴과 머리를 감쌌다. 그 덕에 통나무 구르듯 굴러 놓고 다행히 머리를 다치지는 않은 것 같았다.

"아얏!"

갑자기 왼쪽 발목이 너무 아팠다. 다리에 힘도 풀렸다. 탐방대 대장 예원이와 정우는 바로 옆 바위에 영지를 조심스레 앉히고는 팔도 돌려 보고 고개도 좌우로 돌려 봤다.

"너 하마터면 큰일 날 뻔했어. 가을 산에서는 젖은 낙엽 조심해야 한다고 선생님이 누누이 얘기하셨잖아."

예원이는 잔소리를 하며 영지의 발목을 붙들고 살펴보았다.

"부목을 대야 할 것 같아. 여기 봐."

영지는 빨갛게 부어오른 발목을 보자 갑자기 울컥했다.

예원이는 배낭 안을 뒤적여 1인용 매트리스 깔개를 꺼내더니 접혀 있는 세 칸 중 한 칸을 북북 뜯었다. 그리고 뜯어 낸 조각으로 발뒤꿈치를 가로로 감싸고, 좀 더 넓은 다른 조각으로는 발목 위를 세로로 감싸더니, 운동화 끈으로 십자 모양으로 이렇게 저렇게 휘감았다. 곧바로 정우가 모자 달린 후드 티를 벗어 접어 영지의 발부터 무릎 아래까지 꽁꽁 싸맸다. 영지는 다리가 욱신거리는 와중에도 신기해서 눈이 휘둥그레졌다.

"마술 같아."

영지의 말을 듣는 둥 마는 둥, 예원이는 볼멘 목소리로 말했다.

"보물찾기 우승은 물 건너갔네."

"보물찾기가 문제야? 시간이 너무 지체됐어. 본부에 연락을 해야겠는데, 영지야, 무전기 좀."

정우가 손을 내밀었다. 영지는 허둥지둥 허리춤에 달린 주머니를 더듬었다. 뭔가 허전하다 싶었는데 주머니가 비어 있었다. 눈앞이 하얘지고 당황해서 말도 제대로 나오지 않았다.

"나, 무전기 잃, 잃어버렸나 봐. 어쩌지?"

"구를 때 빠졌나 보다. 내가 찾아볼게."

예원이가 두리번거리더니 굵고 긴 나뭇가지를 주워들었다. 정우도 나섰다. 둘은 영지가 굴러 내려온 방향을 되짚어 나뭇가지로 여기 저기 낙엽 더미를 헤쳤다.

"으악, 뱀!"

예원이가 나뭇가지로 무언가를 확 낚아챘다. 가는 뱀이 꿈틀거리는 게 보였다. 영지는 머리카락이 곤두서는 느낌이었다. 심장이 쿵쾅거렸다.

"저리 가거라!"

예원이가 나뭇가지째 멀리 내던지자 뱀이 날아가는 게 보였다. 어안이 벙벙했다.

"어, 언니! 괜찮아?"

"괜찮아. 어휴."

영지는 만약에 언니가 물렸는데 머리가 세모난 독사였으면 어쩔 뻔했나 생각하니 아찔했다. 물린 상처에서 15센티미터쯤 위를 손수건 같은 것으로 묶고 응급 처치를 하는 동영상을 산 탐방 사전 교육 때 본 적이 있다. 그래도 실제 상황이라면 그저 속수무책일 것 같았다. 물리기도 전에 뱀이랑 눈만 마주쳐도 기절할지 모를 일이다.

"안 되겠어. 낙엽 뒤적거리다가 또 나올 수도 있어. 지금 우리 일행 한참 뒤처졌을 텐데 뱀에 물리기라도 하면 큰일이야."

정우의 말에 예원이도 고개를 끄덕였다.

"그래. 무전기 찾느라 시간 허비하지 말고, 영지 부축해서 서둘러 내려가자."

영지는 미안한 마음에 얼른 배낭을 집어 들었다.

"이리 내. 오빠가 들어 줄게."

"아냐, 내가 들게. 정우 너는 영지 부축해."

"미안해. 나 때문에……."

예원이는 괜찮다는 듯이 싱긋 웃더니 영지의 배낭을 뺏다시피 받아 들었다. 그동안 고집스럽게 보이던 예원이의 보조개가 다정해 보였다.

아이들은 영지가 미끄러져 넘어진 부근으로 돌아와서 일단 두 손을 모아 입에 대고 고함을 쳐 보았다.

"도와주세요오!"

"사람 살려요오오!"

두세 번 외쳐 보았지만 어디선가 메아리만 뒤엉켜 들려왔다. 아이들은 원래 내려가던 방향으로 다시 발걸음을 옮겼다. 정우의 팔에 기대어 다치지 않은 발에 힘을 주고 걷다 보니 영지는 발바닥이 아팠다.

"우리가 보물찾기만 잘했으면 일등이었겠지만, 그래도 쓰레기를 주워 가면 가산점이 있으니까 쓰레기라도 줍자."

영지와 정우는 예원이의 말에 자그마한 쓰레기들을 눈에 띄는 족족 비닐봉지에 담았다. 산에 버리면 위험한 담배꽁초들도 몇 개나 있었다.

"이상한데."

정우가 잠시 걸음을 멈췄다. 영지를 부축하고 가느라 정우도 지쳐 보였다.

"우리 탐방단 리본이 아닌 것 같아."

"어라. 그러네."

드문드문 끈이 묶여 있는 나뭇가지를 보면서 가고 있었는데, 다른 코스와 헷갈렸는지 내리막길이 아니고 다시 오르막길이 나왔다. 예원이가 두리번거리다 멀찍이 떨어진 나무 쪽으로 달려가 보더니 고개를 가로저었다.

"이것도 아니야. 돌아가야 해."

정우는 미간을 찌푸렸다. 돌아온 길을 되짚어 가는데 나뭇가지에 달려 있어야 할 리본이 보이지 않았다. 아이들은 점점 말이 없어졌다. 왔던 길 같기도 하고 아닌 듯도

했다. 영지는 정우 팔에 기대어 걸을 만했는데 갑자기 다리가 더 무겁게 느껴졌다.

한참 후, 예원이가 멈춰 섰다.

"안 되겠다. 잠깐 쉬자."

"조금이라도 빨리 내려가야지. 해 지겠어."

정우가 반대하자 예원이는 고개를 가로저었다.

"우리가 아침에 올라왔던 길이 아니야. 이미 길을 잃은 건지도 몰라. 헤매다가 사람들하고 엇갈리거나 엉뚱한 장소에 있는데 해가 지면 더 큰일이야. 괜찮아, 우리 침낭도 있고, 비상식량도 있고."

정우는 잠시 생각하더니 바위에 걸터앉았다.

"그래. 우리 코스가 아니어도 드물게 리본을 매달아 놓은 흔적은 있으니까, 사람들이 다니던 길이라는 셈이지. 대장 말대로 조금 쉬면서 생각해 보자. 선생님들이 우릴 데리러 오실 수도 있잖아."

"그것보다도 간식 남은 것 뭐 있나 꺼내 봐. 야영하게 될 수도 있으니까 만약을 대비해서 계획 좀 세워 보자."

예원이의 말에 각자 가방 속 간식들을 꺼냈다. 방울토마토, 귤, 초콜릿, 사탕, 비닐팩에 넣어 온 아몬드나 땅콩 같은 견과류도 있었다.

"우리 꼭 마실 나온 아줌마들 같아."

"됐다는데 엄마가 넣어 주셨어. 어머니, 감사합니다!"

정우는 커다란 젤리 봉투를 꺼내 확 뜯었다. 그러자 봉투 입구가 터지며 설탕 가루가 잔뜩 묻은 알록달록 애벌레 모양 젤리가 공중에서 와르르 쏟아졌다. 그 장면은 마치 슬로우 모션으로 움직이는 것 같았다. 영지는 홀린 듯 그 모습을 바라봤다.

"으앗! 아깝다."

정우는 땅에 떨어진 젤리를 주워 어떤 건 봉투에 넣고 어떤 건 쓱쓱 털어 자기 입에 넣었다. 영지는 열심히 귤껍질을 깠다. 그러자 예원이가 잔소리를 했다.

"너희 그것만 먹고, 지금 다 먹지 마. 사람마다 체력이 다 다르기 때문에 원래 산에서 비상식량은 돌아가면서 먹는 거야. 이제부터 이것들은 간식이 아니라 비상식이야."

"나 배고픈데."

정우가 볼을 부풀리더니 포기한 얼굴로 꺼내 놓은 것들을 주섬주섬 정리했다. 영지는 땀이 식어서 그런지 몸이 으슬으슬해졌다. 영지가 팔로 자기 몸을 감싸 안자 예원이가 보온병을 꺼냈다.

"나 꿀물 가져왔어. 마실래?"

"웬 꿀물?"

"쌀쌀해지면 등산할 때 꿀물이 최고야. 체온도 유지해 주고."

예원이가 보온병을 내미는 순간이었다.

"어! 벌이다."

"으아아!"

예원이가 괴성을 질렀다. 영지는 서둘러 귤을 다시 가방에 집어넣었다. 벌이 자꾸 맴돌자 예원이는 벌떡 일어나 손을 휘저었다.

"손예원! 너 뱀도 때려잡는 애가 벌 때문에 난리냐? 움직이지 좀 마."

정우의 말에 영지도 눈을 질끈 감고 꼼짝도 하지 않았다. 벌은 잠시 윙윙거리더니

달콤한 음식이 없어지자 어디론가 사라졌다.

"금방 나타난 것 보니 근처에 벌집이 있나 보네. 여기서는 뭐 꺼내 먹지 말자."

정우가 배낭 지퍼를 닫는데 예원이의 표정이 이상했다.

"얘들아, 그런데 나 이거 벌에 쏘인 거 아니냐?"

예원이가 왼손을 들여다보았다. 검지에 갈색 점 같은 것이 있었다.

"뭐? 영지야, 손전등 좀 켜 봐."

벌써 해가 뉘엿뉘엿 지기 시작해서 주변이 선명하게 보이지 않았다. 영지는 작은 손전등을 꺼내 비췄다. 그러자 예원이가 목에 걸고 있던 이름표 고리에서 등산용 칼을 떼어 냈다.

"언니! 뭐 하려고?"

"벌침부터 빼야지. 내가 할까?"

정우의 말에 영지는 침을 꿀꺽 삼켰다. 둘을 보고 있자니 전문가들 같았다.

"영지야, 여기 이쪽으로 불 좀 비춰 줘. 손예원 너, 이거 말벌이었으면 우리 진짜 오늘 대재앙의 날이 되는 거였다."

정우가 만능 칼에서 튀어나온 집게로 가시처럼 박혀 있는 벌침을 뽑아냈다. 예원이의 표정이 일그러졌다.

"언니, 많이 아파?"

"느낌 되게 이상해. 으으. 손가락 전체가 막 얼얼하고 가려운 것도 같고."

정우는 갖고 있던 식염수로 벌에 물린 자리를 씻어 냈다.

"얼음찜질이라도 하면 좋을 텐데. 어서 서두르자. 해 지기 전에 방향만 잡으면 내려

갈 수 있을 거야."

정우의 말에 모두 추스르고 일어섰다. 예원이가 배낭 앞주머니에서 나침반을 꺼냈다. 이리저리 돌려 보더니 고개를 저었다.

"이런, 나침반도 고장이야. 어쩌지."

예원이와 정우는 동시에 주위를 살폈다.

"나이테!"

둘이 거의 동시에 외쳤다. 영지는 어리둥절했다.

"저기 있다."

정우가 나무 그루터기를 향해 달려갔다. 그루터기에 손전등을 비추자 나이테가 선명하게 보였다.

"나이테가 넓은 쪽이 남쪽이야. 이것도 봐 봐. 여기 이 바위. 이끼가 많은 쪽이 북쪽이니까, 저 쪽이다!"

정우가 내려가야 할 방향을 가리켰다. 아이들은 방향을 잡은 쪽을 향해 무조건 발걸음을 재촉했다. 탐방대용 리본은 결국 눈에 띄지 않았다. 해가 지기 시작하자 한 걸음 내딛을 때마다 어둠이 짙어졌다.

영지는 갈수록 몸이 떨렸다. 예원이가 양손을 비비더니 영지의 양팔을 문질렀다.

"더 지체하면 안 될 것 같은데. 영지야, 많이 추워?"

"언니, 있잖아, 우리 여기서 완전히 길 잃어버린 건 아닐까?"

아까부터 참고 있던 말이 튀어나오자, 영지는 걷잡을 수 없이 울음이 터졌다. 예원이가 잠자코 영지의 등을 토닥거리며 무언가 골똘히 생각했다.

"아무래도 야영을 하는 게 어때. 1박2일도 했는데 하루 더 못 할까."

예원이가 작정한 듯 얘기하자 정우가 고개를 끄덕였다.

"그런데 우리 텐트 선생님들이 다 걷어 가고 없잖아. 어쩌지?"

"배낭에 침낭은 있으니까. 마땅한 데 잘 골라서."

"그게 낫겠지? 지금 저 아래서도 난리 났을 텐데, 밤중에 우리를 찾아낼 수도 있고, 날 밝으면 가던 방향으로 그대로 내려가면 돼."

정우는 엄마까지 부르며 울고 있는 영지 등을 두드렸다.

야영하기로 결정을 내리자 둘의 행동이 재발랐다. 정우는 손전등을 꺼내고, 예원이는 헤드라이트를 꺼내 머리에 썼다.

"너는 참 신기한 장비가 많구나."

"우리 아빠 꺼야. 끈 조절도 다 해 주셨지. 나는 날 때부터 산악 소녀야. 내가 기어 다닐 때부터 아빠가 목말 태워 산에 다니셨거든."

"우와."

"감탄은 그만하고 마땅한 자리부터 잡자. 음, 어디……."

예원이가 주위를 둘러봤다. 아이들이 있는 곳이 낮에 올라왔던 길은 아닌 게 분명했다. 그래도 사람들 발길의 흔적이 있어서 다행이었다. 정우도 둘러보러 앞서 가더니 잠시 후 돌아왔다.

"저 쪽으로 가 보자."

둘은 다시 영지를 부축하여 정우가 말한 곳으로 갔다. 적당히 두껍고 큰 나무가 넘어져 있고, 그 옆으로 풀숲이 있어서 약간 오목한 자리가 마련되어 있었다. 예원이는 방금 전 봐 두었던 길 옆으로 흐르는 물을 물통에 담아 왔다.

"딱 좋네."

영지는 자기 다리에 부목을 대느라 후드 티도 벗어 준 정우에게 자신의 침낭을 겹쳐 쓰라고 줬다. 영지는 제법 도톰한 깔개 위에 예원이의 침낭을 펴서 함께 덮었다. 둘이 붙어 웅크리고 앉아 있으니 오히려 더 따뜻했다. 정우는 신호용으로 자기 손전등을 하늘을 향해 비스듬히 들고 계속 깜빡거렸다.

주변이 고요해지니 누구랄 것도 없이 배에서 꼬르륵 소리가 났다. 아이들은 혹시 모르니 식량을 아끼기로 하고, 아몬드와 말린 자두를 꺼내 오물오물 나눠 먹고 꿀물도 번갈아 마셨다.

"어, 잠깐만."

그때였다. 어디선가 누군가를 애타게 부르는 소리가 바람을 타고 들려오는 듯했다. 아이들은 동시에 벌떡 일어나 소리를 지르기 시작했다. 손전등도 마구 흔들었다.

"여기예요! 여기요!"

정우는 예원이의 헤드라이트를 자기 머리에 쓰고 방방 뛰면서 손전등을 흔들고 있었다. 영지도 한 다리로 지탱하고 서서 목청껏 소리를 보탰다. 자기 목소리가 이렇게 우렁찰 수 있는지 처음 알았다. 아래쪽에서 웅성거리는 소리와 함께 여러 개의 빛이 눈부시게 빛나며 다가왔다. 기뻐서 돌아보니 예원이가 뛰다 말고 주저앉아 있었다. 긴장이 풀린 듯했다. 영지는 한쪽 다리로 콩콩 뛰어 예원이에게 다가가 손을 내밀었다. 예원이는 환하게 웃으며 영지 손을 잡고 벌떡 일어났다.

산에서 길을 잃었을 때 살아남는 방법

어쩌다 조난을 당하게 되나요?

영지: 휴, 큰일 날 뻔 했어. 생각지도 못했는데, 산 속에서 조난을 당할 줄이야.

예원: 조난의 첫 번째 요인이 바로 방심이야. 실제로 산행 초보자들이 무리하게 산행을 시도하다 조난을 당하는 경우가 의외로 많다고 해.

정우: 맞아. 가장 흔한 원인은 암벽에서 추락하거나 눈사태를 만나는 거야. 또 의외로 피로 때문이라고 해. 등산 경험이 많은 전문가나 보호자와 함께 하는 경우가 아니라면 무리한 등산은 피해야 해.

영지: 날씨가 갑작스레 변하거나 길을 잃으면 당황하고 마음이 불안해지잖아.

예원: 그렇지. '링 원더링(직진하고 있다고 생각하나 실제로는 같은 지점을 원 모양으로 배회하는 것)' 같은 행동을 하다가 초조함과 피로감이 몰려와서 조난을 당할 수 있어.

정우: 그리고 계절에 따라 조난을 당하게 되는 원인이 달라. 가을에는 영지처럼 젖은 낙엽을 밟아 미끄러질 수도 있고, 여름에는 더위에 체력이 빨리 떨어져서 탈진할 수도 있어. 집중호우를 만나 고립되기도 하고.

예원: 참! 요즘에는 무리하게 셀카를 찍다가 발을 헛디뎌 떨어지는 경우도 많대. 인증샷도 좋지만 위험을 무릅쓸 필요는 없다는 걸 늘 명심해야 해.

영지: 언니랑 오빠 덕분에 침착하게 대처할 수 있었어. 혼자였다면 어휴, 생각만 해도 무섭다.

정우: 무서울 것 없어. 절대 무리하지 말고, 도움 청할 방법을 침착하게 찾아보는 거야. 산에서 기억해야 할 것들을 잘 숙지하고 있으면 돼.

조난을 당하면 이렇게 대처해요

영지
그런데 예원 언니가 벌에 쏘였을 때 왜 식염수를 바른 거야? 그냥 물이나 다른 거 발라도 돼?

정우
아니야. 벌에 쏘인 경우, 꿀벌이면 비눗물이나 식염수 같은 알칼리성으로, 말벌이면 식초나 레몬주스 같은 산성으로 소독하는 게 좋아. 얼음이 있으면 얼음찜질을 하고. 통증을 줄일 수 있어. 아스피린 같은 진통제도 도움이 돼. 그래도 빨리 가까운 병원에 가는 게 최고야. 특히 말벌은 정말 위험해. 자칫하면 벌집을 건드릴 수 있기 때문에 괜히 여기저기 들쑤시면 안 돼. 어른들이 벌초하러 갔다가 그런 사고를 당하는 일도 꽤 자주 있더라.

영지
참, 산에서 야영하게 되면 텐트는 어디에 쳐야 하지?

예원
산 속에서는 밤과 낮의 기온이 변화하면서 바람 부는 방향이 달라지거든. 오후에는 산 위에서 아래로 부니까, 저녁에 야영하기 위해 텐트를 친다면 입구는 아래로 향하게 해야 바람을 등질 수 있어. 그리고 큰 나무나 벼랑 아래는 벼락이나 낙석 위험이 있어서 안 돼. 식수를 쉽게 구할 수 있는 곳이 좋지만, 폭우가 쏟아질 경우에는 갑자기 물이 불어나 사고가 날 수 있지. 그래서 적당한 위치를 골라야 해. 배수가 잘 되는 곳이 좋겠지만, 급경사나 모래밭은 피해야겠지.

정우
조난 장소에서 구조를 요청하는 방법도 짚고 넘어가자. 큰 목소리로 외치기, 손으로 휘파람 불기. 막 환호할 때처럼 말이야. 물건을 두드려 소리를 낼 수도 있지. 이런 것들을 '음향 전달 방법'이라고 해.

하얀 천을 흔드는 시각적 전달 방법도 있어. 밤에는 횃불을 켜드는 방법도 있고.

예원

영지
겨울 산에 올랐을 때는 불을 피우기 어렵지 않아? 하얀 천도 잘 안 보일 텐데.

정우
좋은 질문이야. 겨울 산에서 조난을 당하면 짧은 시간 안에 생명이 위태로울 수 있어. 눈보라가 불거나 눈사태의 위험이 있어서 구조 요청이 당장 불가능할 때는 지형을 잘 살핀 다음 눈 동굴을 만들어 웅크리고 기다려야 해.

움직이는 마트

봉구가 목에 힘을 주고 버텼다. 규민이는 목줄을 잡아당겼다. 늘 앞서 가던 녀석이 오늘따라 별났다.

"얘가 왜 이래, 얼른 가자니깐?"

봉구는 싱싱마트 문 앞에서 엉덩이를 딱 붙이고 앉아 들어갈 생각을 하지 않았다. 지나가는 사람들이 규민이를 힐끔 쳐다보았다.

하는 수없이 규민이는 봉구를 번쩍 안아 올렸다. 봉구는 꽤 무거웠다. 준철이 형은 봉구가 말티즈 잡종견 같다고 했다. 털은 하얗고 복슬복슬한데 얼굴은 진돗개마냥 날렵했다. 몸도 말티즈보다 컸다.

봉구는 네 다리를 허공에서 버둥거리다가 축 늘어뜨렸다. 규민이는 바삐 걸음을 옮겨 마트로 향했다.

마트 안은 후텁지근했다. 쨍쨍한 바깥 날씨랑 별 다를 게 없었다. 규민이는 반팔 티 위에 단추 달린 셔츠까지 입고 나온 게 후회되었다.

"저번에 왔을 땐 에어컨 바람 불었는데……."

규민이는 혼잣말을 하며 정문에서 바로 왼쪽으로 몸을 틀었다. 5분쯤 가면 맨 구석에 반려 동물 센터가 있다. 장을 보는 동안 여기서 강아지나 고양이를 맡아 주었다.

센터 안에는 녹색 조끼를 입은 아주머니가 부채질을 하고 있었다. 조끼에 '싱싱마트'라는 글씨가 새겨져 있었다.

"어서오……. 아, 너구나!"

"안녕하세요, 아줌마. 왜 이렇게 마트가 더워요?"

"에어컨이 고장났나 봐. 어쩐지 천장에서 물이 떨어지더라고. 고쳐 준다고 한 지가 언젠데 여태 그냥 두지 뭐니? 나 원, 건물 관리를 어떻게 하는지."

아줌마가 익숙하게 봉구를 받아 울타리 안에 내려놓았다. 봉구가 발이 땅에 닿자마자 철제 울타리 안을 빙빙 돌았다. 그러더니 앞발로 울타리를 연거푸 쳤다. 아줌마도 놀란 모양이었다.

"어머머, 얌전하던 애가 오늘 왜 이런다니?"

"끼잉 낑, 멍멍멍!"

봉구가 애처로운 눈빛으로 규민이를 올려다보았다. 규민이는 봉구를 슬쩍 보고 센터 밖으로 나왔다. 걸어가면서 긴팔 셔츠를 벗어 보조 가방 속에 집어넣었다.

"칫, 저 바보 녀석 때문에 여기까지 와야 하고."

규민이는 봉구가 그리 좋지 않았다. 봉구는 아무한테나 안기려 들고 똥오줌도 잘

못 가렸다. 어차피 봉구는 준철이 형네 개였다. 요즘 형이 입시 공부를 하느라 봉구를 돌보는 일이 규민이에게 넘어갔을 뿐이었다.

마트 안엔 사람들이 별로 없었다. 문득 작은엄마가 해 준 말이 떠올랐다.

"규민아, 싱싱마트는 되도록 가지 마렴. 거기서 몇 번 사고가 났다더라. 안 그래도 2층짜리 대형 마트를 몇 달 만에 지어서 수상쩍다 했어."

규민이는 마음을 다독였다. 어차피 오늘은 심부름 거리도 몇 개 없었다. 작은엄마가 샌드위치용 햄과 오이만 사다 달라고 했다.

"어묵 먼저 먹어야지!"

규민이는 식품 매장 제일 안쪽 구석으로 갔다. 분식 코너엔 마침 아무도 없었다. 규민이는 선풍기가 틀어진 자리 옆에 앉았다. 머리에 하얀 모자를 쓴 아주머니가 아는 체했다.

"이거 먹으러 왔지?"

아줌마는 규민이 얼굴을 보자마자 어묵 두 개가 담긴 그릇을 내어놓았다.

"헤헤, 잘 먹겠습니다."

규민이는 칼칼한 국물에 불어 터진 어묵을 한입 베어 먹었다. 이 동네에서는 싱싱마트 어묵이 엄마가 떡볶이 포장마차에서 팔던 것과 맛이 비슷했다. 그래서 규민이는 적어도 일주일에 한 번은 여기서 어묵을 사 먹었다.

엄마의 포장마차는 반년 전에 없어졌다. 아빠가 사업 빚을 많이 지면서 포장마차랑 집까지 다 팔았다. 집이 사라지는 바람에 규민이네 가족은 뿔뿔이 흩어졌다. 규민이는 작은아빠 댁에 맡겨졌다. 벌써 반년도 지난 일이다.

규민이는 어묵을 순식간에 먹어 치우고 자리에서 일어났다. 아무래도 봉구의 눈빛이 신경 쓰였다.

"아줌마, 여기 2천 원이요. 안녕히 계세요."

"벌써 다 먹었어? 그래, 또 와!"

규민이는 아줌마의 대답을 뒤로 하고 분식집 옆의 포장 육류 코너로 갔다. 거기서 샌드위치용 햄 한 덩이를 골라 담고 마트 중앙의 채소 코너로 직진했다. 그때였다.

"으악!"

규민이는 앞으로 넘어졌다. 발이 무언가에 걸리고 말았다. 마트 장바구니에 담겼던 햄이 튕겨져 나갔다. 무릎과 손바닥이 얼얼했다.

"에이씨, 이게 뭐야."

규민이는 일어나면서 손바닥과 무릎을 탁탁 털었다. 긴바지를 입어서 그런지 무릎이 까지진 않았다. 마트 바닥은 반달 모양으로 움푹 파여 있었다. 규민이 발이 두 개는 족히 들어가고 남을 만큼 구덩이가 꽤 컸다.

센터 아줌마 말이 맞았다. 마트가 정말 이상했다. 건물 여기저기가 고장이 난 것 같았다.

규민이는 나동그라진 햄을 주워 담고 채소 코너로 갔다. 오이 한 봉지를 집히는 대로 담았다. 작은엄마가 어떤 오이가 좋은지 알려 줬지만 지금은 여기서 빨리 나가고만 싶었다.

사람이 별로 없어서 줄 서지 않고 금방 계산했다. 규민이는 서둘러 물건을 가방에 넣고 문밖으로 나왔다.

"작은엄마 말대로 마트가 이상해. 빨리 봉구 데리고 나가야지. 하, 센터 진짜 멀다."

규민이는 중얼거리며 반려 동물 센터 쪽으로 빠르게 걸었다. 그때였다.

쩌저적!

규민이는 깜짝 놀라 그대로 멈춰 섰다. 천천히 소리가 난 곳으로 고개를 돌려 올려다보았다.

천장에 금이 나 있었다. 대각선 방향으로 지그재그로 났다. 금이 난 모양이 교과서에서 본 번개랑 비슷했다.

규민이는 갑자기 어깨가 으스스해졌다. 멀리서부터 봉구의 울음소리가 들려왔다.

"멍멍멍! 멍멍!"

규민이는 센터까지 곧장 달려갔다. 아줌마는 어디론가 가고 없었다. 목줄에 매인 봉구가 꼬리를 힘차게 흔들었다. 계속 나가려고 버둥거렸는지 철제 울타리 한쪽이 바깥으로 휘어져 있었다.

규민이는 봉구 목줄을 얼른 풀어서 울타리 밖으로 빼 주었다. 그러자 봉구가 곧장 센터에서 달려 나갔다.

"봉구야!"

규민이는 봉구를 쫓아갔다. 봉구가 벽 쪽으로 붙어서 달리는 속도가 점점 느려졌다. 역시 봉구는 멍청했다. 규민이는 간신히 따라잡아 녀석의 기다란 꼬리를 움켜쥐었다. 그 순간, 머리 위에서 아까보다 열 배는 큰 소리가 들렸다. 이제는 땅 전체가 흔들렸다.

끼-익, 쾅, 쿠르르르르!

규민이는 그 자리에서 주저앉았다. 옆에서 커다란 시멘트 조각이 바닥으로 곤두박질치면서 두 동강이 났다. 눈앞에서 크고 작은 돌들이 비처럼 쏟아졌다. 순식간에 눈앞이 깜깜해졌다.

온몸이 무진장 얼얼하고 추웠다. 규민이는 눈꺼풀이 무겁고 따가워서 눈을 뜰 수가 없었다. 숨을 쉴 때마다 퀴퀴한 냄새가 나고 콧구멍 안이 쓰라렸다. 목도 칼칼했다. 규민이는 손으로 얼굴을 조심스레 더듬었다. 얼굴에 모래가 잔뜩 묻어 있었다.

규민이는 손으로 눈과 코 주위부터 모래를 쓸어 냈다. 모래가 들어갔는지 계속 눈물과 콧물이 났다.

눈곱까지 떼어 낸 다음에야 겨우 눈을 떴다. 눈을 감았을 때만큼이나 캄캄했다. 시간이 한참 지나니 차츰 어둠 속에서 형체가 보였다. 규민이는 간신히 쭈그리고 있던 다리를 앞으로 뻗었다. 그런데 발치에 무언가 물컹거렸다.

"멍멍!"

규민이는 흠칫 놀라 발을 뺐다. 봉구였다. 봉구가 천천히 내 쪽으로 다가왔다. 봉구 눈이 반짝여서 윤곽이 대충 보였다. 봉구도 모래를 뒤집어쓰고 있었다.

"에그그!"

규민이는 모래 범벅인 봉구를 피하고 싶었지만 물러날 곳이 없었다. 등 뒤로 차가운 시멘트벽이 느껴졌다. 봉구는 좁은 틈을 비집고 와서 규민이 옆에 찰싹 붙어 앉았다. 갇힌 곳은 봉구와 규민이만 간신히 나란히 앉을 정도였다.

규민이는 고개를 천천히 돌렸다. 사방이 조용하고 캄캄했다. 빛이 들어오는 곳도 없었다. 공기는 매캐하고 싸늘했다. 세상이 무너진 기분이었다.

"진작 작은엄마 말을 들었더라면 이런 일은 없었을 거다. 아니다. 엄마가 진작 나를 데리러 왔더라면, 애초에 작은아빠 댁에 맡겨지지 않았더라면, 우리 집이 팔리지 않았더라면……"

규민이는 눈물이 끊임없이 흘러내렸다. 엄마 아빠가 생각났다. 작은엄마 휴대폰으로 자주 오던 전화도 점점 뜸해져서 무진장 서운했지만 그래도 보고 싶었다.

그때 봉구가 얼굴을 들이밀더니 규민이 볼을 자기 혀로 핥아 주었다. 얼굴이 눈물 콧물과 봉구의 침으로 범벅이 되어 버렸다. 그런데 규민이는 그게 싫지 않았다.

"너 진짜 바보냐? 이러면 네 입으로 모래랑 더러운 거 다 들어가."

그런 말을 하며 규민이는 봉구 등에 쌓인 모래를 털어 주었다. 어느 정도 치워 내자 봉구가 또 짖었다.

"컹컹!"

녀석도 모래를 잔뜩 삼켰는지 쉰 소리가 났다. 봉구는 일어서서 앞으로 나아갔다.

"어? 봉구야, 가지 마! 저 앞은 막혔어."

봉구는 앞서 걷기만 했다. 그런데 봉구가 점점 멀어지는 듯했다. 자세히 보니 앞에 통로가 뚫려 있었다.

'어쩌면 여기서 나갈 수 있을지도 몰라!'

그런 생각이 들자 규민이는 힘이 나 몸을 일으켰다. 천장이 워낙 낮아서 허리를 펼 수가 없었다. 결국 규민이는 봉구처럼 기어갔다. 봉구가 벽 쪽으로 바싹 붙자 규민이도 봉구를 따라 했다.

얼마 안 갔을 즈음이었다. 봉구가 비명을 질렀다.

"깽, 끼잉 깽! 컹컹!"

"봉구야, 왜 그래!"

봉구가 슬금슬금 뒷걸음질을 치면서 규민이에게로 왔다. 왜 그러는지 이유를 모르

겠어서 규민이는 봉구를 더듬었다. 그러다 오른쪽 귀에서 뜨끈한 액체가 만져졌다. 다시 봉구가 신음 소리를 냈다.

"에휴, 너 다쳤구나? 어디에 쓸린 거야, 잠깐만 기다려 봐."

규민이는 셔츠를 벗어 봉구의 얼굴과 목에 칭칭 둘렀다. 그제야 봉구는 다시 앞서 나갔다. 규민이도 겁이 나서 가방을 머리 위에 뒤집어쓰고 나아갔다. 한 팔과 두 다리로 가려니 죽을 맛이었다.

조금 더 걸어가니 머리 위 가방에서 부우욱 하고 천 찢어지는 소리가 들렸다. 규민이는 소름이 돋았다.

'봉구가 아니었다면 나도 다쳤을 거야.'

뭔지 모르지만 날카로운 게 확실했다. 규민이는 봉구에게 고마운 마음이 들었다.

얼마쯤 갔을까. 규민이는 팔과 다리가 오징어처럼 흐물흐물했다. 목에서 가래가 끓고 코도 막혔다. 숨을 들이쉴 때마다 모래도 같이 마시는 것 같았다.

규민이는 봉구를 불렀다.

"봉구야! 우리 쉬었다가 가자."

그런데 목소리가 잠겼는지 제대로 나오지 않았다. 봉구는 그 작은 목소리를 알아듣고 고개를 돌려 규민이 쪽으로 돌아왔다.

규민이는 보조 가방의 지퍼를 열고 오이가 든 봉지를 꺼냈다. 규민이는 봉구에게 먼저 하나를 주었다. 땅에 떨어뜨렸다간 먼지 범벅인 오이를 먹을 게 뻔했다. 봉구도 눈 깜짝할 사이에 오이를 삼켰다. 봉구는 가방 쪽으로 코를 킁킁거렸다.

"안 돼, 봉구야 이따가 또 줄게."

규민이는 오이를 하나 더 꺼내어 한입 베어 물었다. 오이가 꿀맛이었다. 봉구는 규민이가 다 먹을 때까지 앞에서 꼬리만 살랑거렸다.

지금 오이를 다 먹어치우고 싶었지만 규민이는 지퍼를 도로 닫았다. 왜인지 지금 다 먹으면 안 될 것 같았다. 저번에 봉구는 햄을 먹었다가 배탈이 난 적이 있었다. 봉구가 먹을 건 오이밖에 없었다.

규민이는 봉구와 함께 끝을 알 수 없는 길을 계속 걸었다. 오이는 금방 소화되었다. 걸을 때마다 힘이 새어 나갔다.

"봉구야, 봉구야!"

규민이는 봉구를 다시 불렀다. 그런데 소리가 나질 않고 입안에서만 맴돌았다. 목과 코가 너무나 따끔거렸다.

규민이는 그 자리에서 엎드렸다. 숨 쉬기가 버거웠다. 온몸이 시멘트 바닥에 닿아 차가웠다. 그동안 잘해 주신 작은엄마와 친절한 준철이 형이 떠올랐다. 엄마가 해 준

어묵도 먹고 싶었다.

"나중에 어른이 되면 작은엄마랑 준철이 형한테 맛있는 것도 사 주고, 엄마에게 포장마차도 새로 해 주려고 했는데······."

규민이는 서서히 눈이 감겨 왔다. 봉구의 울음소리가 어두운 틈사이로 울려 퍼졌다.

"커엉 컹! 컹컹컹! 컹컹!"

목이 무진장 아플 텐데도 봉구는 쉬지 않고 짖었다. 그런데 이번엔 봉구 말고 다른 소리가 섞여서 들렸다.

규민이는 가만히 귀를 기울였다. 저벅저벅 하는 발소리였다. 발자국 소리는 점점 크게 울렸다. 규민이는 눈이 번쩍 떠졌다.

"여기에요! 여기 사람이 있어요! 사람이랑 개도 있어요!"

규민이는 겨우 말을 꺼냈다. 목이 찢어질 것만 같았다. 봉구도 힘이 빠졌는지 짖는 소리가 점점 작아졌다.

'머리에 가방을 덮어쓰고 바닥에 엎드린 내가 무엇을 할 수 있을까?'

규민이는 엎드린 채 가만히 손을 들여다보았다. 그러다 규민이는 두 손을 꼭 쥐고 바닥을 내리치기 시작했다.

쿵, 쿵, 쿵, 쿵.

벽이 심장처럼 울렸다. 그러다가 규민이는 주먹으로 왼쪽 벽을 연신 두드렸다. 이 벽은 단단해서 아무리 쳐도 부서질 것 같지 않았다.

"······십니까? 거기 계십니까?"

점점 사람들이 웅성거리는 소리와 발소리가 가까워졌다. 규민이는 있는 힘을 다해 벽을 두드렸다. 봉구도 아까보다 더 크게 짖었다. 뜨거운 눈물이 양 볼을 타고 흘러내렸다.

"여기는 A-1 구역. 사람이 있는 것 같습니다. 거기 아래 사람이 있습니까?"

갑자기 눈부신 빛이 머리 위로 쏟아졌다. 따스한 바람이 훅 들어와 규민이의 주먹을 감싸고 지나갔다.

> 이것만은
> 기억해요

건물이 무너졌을 때 살아남는 방법

건물은 왜 무너지는 거예요?

준철: 내 사촌 동생이지만 정말 멋지다, 규민아!

규민: 헤헤, 고마워. 그때 이후로 건물 붕괴에 대해 제대로 알아봤어. 재난 상황은 미리 알아 두어야 나중에 도움이 되더라고.

준철: 그래? 나한테도 알려 줘. 건물은 왜 무너지는 거야?

규민: 지진이나 태풍 같은 자연 재해가 일어나면 건물이 무너질 수 있어. 하지만 건물 자체를 튼튼하게 짓지 않아서 무너지는 일도 많아. 우리나라에선 가장 대표적인 사고가 1995년 6월에 일어난 '삼풍백화점 붕괴 사고'야. 백화점을 지으면 안 되는 땅에 무리하게 백화점을 지었대. 기둥도 세우지 않고. 결국 6년 만에 와르르 무너졌어. 무려 천 명 이상의 사람들이 목숨을 잃거나 다쳤지.

준철: 욕심이 화를 불렀군. 그런 사람들을 만난다면 봉구한테 엉덩이를 물라고 할 거야!

이런 건물을 조심해요

준철: 그런데 규민아, 어떤 건물이 튼튼한지 미리 알 수 있니? 별 생각 없이 건물에 들어갔다가 무너지기라도 하면……. 으으, 상상하고 싶지도 않다.

규민: 걱정 마. 자연 재해가 아니라면 건물은 무너지기 전에 신호를 보내거든. 이런 징후들이 많이 나타나는 건물은 가급적 빨리 나가는 게 좋아.
- 창틀이나 문이 뒤틀려서 제대로 열리지 않는다.
- 고장이 잦고 벽이나 천장에 금이 가 있다.
- 동물들이 불안해하거나 나가려고 한다.
- 바닥이 움푹 파여 있거나 천장이 내려앉았다.
- 벽이나 바닥에서 얼음이 깨지는 듯한 소리가 들린다.

무너진 건물 안에 있다면 이렇게 해요

준철: 만약 진짜로 건물 안에 갇히면 어떻게 해?

규민: 우선 가방이나 옷가지로 머리는 항상 감싸야 해. 건물이 무너졌을 땐 위에서 어떤 물체가 떨어질지 모르거든. 특히 천으로 코와 입을 보호해야 해. 건축 폐기물이 폐 속으로 들어가면 숨 쉬기가 어려워지거든. 그래서 나랑 봉구가 나중에 숨 쉬기 힘들었던 거야. 이걸 진작 알았으면 좋았을 텐데.

준철: 갇히면 일단 소리부터 질러야겠다. 빨리 구출되도록 말이야.

규민: 무작정 소리를 지르면 위험해. 언제 구조될지 모르니까. 하루가 될지 이틀이 될지 모르거든. 그런 의미에서 음식물이 있다면 최대한 아껴 먹어야 하지. 말도 최대한 아껴야 하고. 밖에 사람들이 있다는 생각이 들면, 주먹으로 단단한 벽이나 파이프를 일정한 속도로 두드리는 게 좋아. 그러면 기력을 아끼면서 사람이 있다는 걸 밖에 알릴 수 있어.

준철: 건물 잔해에 파묻히면 어떻게 해?

규민: 휴대폰이 있다면 휴대폰을 켜 놔야 해. 전파를 통해 매몰된 사람을 찾을 수 있거든. 하지만 배터리를 아껴야 하니까 시간을 정해 두고 껐다 켰다 하는 게 좋아. 그리고 공간이 있으면 단단한 벽이 있는 쪽으로 옮기는 편이 안전해. 2차 붕괴가 생길 수 있으니까. 만약 잔해 때문에 몸을 움직일 수 없다면 주기적으로 손가락과 발가락을 움직여야 해. 혈액순환이 잘 되도록 말이야.

준철: 역시 미리 알아 두어야 하는구나. 그래도 난 막상 갇히면 너무 무서워서 나쁜 생각만 들 것 같아.

규민: 밀폐된 공간에 오래 있으면 여러 가지 안 좋은 생각이 들기 쉬워. 그럴수록 구출될 수 있다는 마음을 가져야 해. 가족이나 친구들, 좋은 추억을 떠올리는 게 도움이 되지. 삼풍백화점 사고 때는 15일, 17일 만에 발견된 사람들도 있어. 끝까지 희망을 놓지 말아야 해. 우리 속담처럼 하늘이 무너져도 솟아날 구멍은 있으니까!

모든 빛이 사라진 밤

 광휘는 얼음물을 벌컥벌컥 마시며 부엌 베란다를 내다보았다. 은휘가 아장아장 걸어와 광휘의 한쪽 다리를 붙들더니 똑같이 고개를 빼꼼 내밀었다. 할머니는 혀를 끌끌 차며 커다란 찜통에 물을 받고 있었다. 이미 욕실의 욕조에도 물을 한가득 받아 놓은 상태였다.

 "단수되면 큰일이야. 조금이라도 더 받아 놔야지. 사람들이 그렇게 전기를 펑펑 써 대니, 내가 이런 날이 올 줄 알았다."

 광휘는 은휘를 번쩍 안고 다시 거실로 돌아와 텔레비전 소리에 귀를 기울였다.

 "서울과 수도권 일대에 거주하는 주민 여러분은 다시 한 번 주의 사항을 숙지하시기 바랍니다. 국민안전처는 곧 발생할 대규모 정전 사태를 최대한 빨리 해결하기 위해 최선을 다하겠다는 입장입니다. 다만 복구가 늦어질 경우를 대비하여 각 가정과 관공서 및 병원 등 공공시설에서는 다음 사항을 각별히 주의해 주시고……."

갑자기 텔레비전이 팍 하고 꺼졌다. 열심히 돌아가던 선풍기도 기운을 잃은 듯 서서히 멈췄다.

"아이구, 얘. 벌써? 진짜 정전 맞네. 맞아."

할머니 움직임이 부산해졌다. 광휘는 일주일째 병원에 입원 중인 둘째 동생 성휘가 생각나 물컵을 내려놓았다. 최근 며칠간 인터넷에서도 아파트 관리사무소도 괜히 난리 법석인 것만 같았는데, 갑자기 덜컥 겁이 났다.

'정전 때문에 의료 기기들이 작동을 멈추면 어쩌지?'

광휘는 병원에서 성휘를 돌보고 있는 엄마한테 문자 메시지를 보냈다.

엄마, 뉴스 속보 들었어? 다 정전된대. 아파트는 벌써 됐어. 병원은 괜찮을까?

초조하게 답신을 기다리고 있는데 메시지 도착 알림 음이 울렸다.

비상 발전기가 있어서 12시간까지는 괜찮대. 그 안에 해결되길 바라야지. 아빠랑 통화했으니까 할머니 말씀 잘 듣고 막내 잘 보고 있어. 우리 큰아들, 믿는다.

광휘는 괜히 휴대폰을 만지작거렸다. 이윽고 할머니가 부르는 소리가 들렸다.

"요 앞에서 부탄가스랑 물 좀 더 사 오렴. 사 뒀는데도 혹시 모르겠네. 무거울 테니 할미 카트 끌고 가라."

광휘는 나가기 귀찮았다. 그래도 더운 날씨에 막내 돌보느라 고생이신 할머니를 위해 뭐라도 해야겠다고 생각했다. 광휘가 신발을 신자 자기도 따라 가겠다고 은휘가 조그만 손으로 샌들에 발을 구겨 넣었다. 광휘는 얼른 현관문을 닫았다. 은휘의 울음소리를 뒤로 하고 나와 보니 엘리베이터는 역시 운행을 멈춘 상태였다.

땀을 뻘뻘 흘리며 집 앞 슈퍼에 들어선 광휘는 눈이 휘둥그레졌다. 천장의 전등은 물론 음료수가 가득했던 냉장고의 불이 모두 꺼진 채 물건 진열대가 듬성듬성 비어 있었다. 라면이며 물이며 이미 동이 났다고 한다. 그나마 부탄가스 한 묶음이 남아 있었다. 누가 한꺼번에 다 사가려는 것을 동네 주민들이 나눠야 하지 않겠냐고 주인아주머니가 일부러 팔지 않았다고 한다.

"광휘야, 내가 집에 따로 컵라면이랑 즉석 밥 같은 것 많이 쟁여 뒀으니까, 혹시라도 지내다가 부족한 거 있으면 엄마더러 우리 집으로 오시라 해. 참, 성휘는 좀 어때?"

"잘 모르겠어요."

"에휴, 쪼그만 녀석이 기특하게 벌써 학교 다닌다 했더니만, 얼마나 됐다고 또……."

광휘가 인사를 꾸벅 하고 나오는데 휴대폰에서 시끄러운 알림 음이 들렸다. 재난 알림 문자였다. '전국 3만 4천여 개 신호등 작동 중단, 교통 대란 우려'라는 글자가 지나갔다. 아빠가 근무하는 회사는 집에서 지하철로 30분 넘게 걸리는데, 언제 어떻게 돌아올지 걱정이 되었다.

"아이고, 이거 진짜로 큰일 났네. 너는 얼른 집에 가라."

아주머니는 서둘러 가게 문을 닫을 준비를 했다. 광휘는 부탄가스 한 묶음을 카트에 신고 집을 향해 뛰었다. 아파트 경비실 앞을 지나치는 광휘를 경비 아저씨가 불러 세웠다.

"얘, 1004호! 택배 갖고 가라. 엘리베이터 안 된다고 여기 두고 갔네."

광휘는 한숨을 푹 쉬고 카트에 택배 상자를 넣었다. 낑낑거리며 10층을 걸어 올라오니 티셔츠가 땀으로 축축했다. 집에 들어와 욕조에 가득한 물을 보니 한바탕 수영을 하고 싶어졌다. 할머니는 은휘 낮잠 재우느라 안방에 들어가 있었다.

'이젠 무얼 해야 되지? 밤이 돼도 전기가 안 들어오면 어쩌지. 곧 해가 질 텐데……'

광휘는 손선풍기 바람을 열심히 머리에 쐬며 거실을 서성이다 말고 가방을 꺼냈다. 손전등도 찾아 놓고, 올 봄 좋아하는 아이돌 콘서트 때 샀던 팬 봉, 야광봉도 챙겼다. 엄마가 좋아하는 향초와 기도할 때 쓰는 큰 초, 가스 점화기도 늘 두는 곳에서 꺼내 가방에 넣었다. 그리고 그 가방을 현관 중문 옆, 손에 잡히기 좋은 자리에 두었다. 그때 할머니 휴대폰 벨이 울렸다. 아빠였다. 할머니는 안방에서 나와 아빠와 잠시 통화를 했다.

"광휘야, 아이구 세상에, 네 아빠 지금 집에 오려니까 지하철이고 버스고 사람이 몰려서 난리란다. 휴대폰도 되다 안 되다 하나 봐. 공중전화로 전화를 했네."

광휘는 공중전화라는 건 어떻게 작동할까 하고 잠시 생각했다. 또 아빠가 그러다 걸어와야 하면 어쩌나 하고 또 걱정이 되었다.

"오는 길에 마트 들러 기저귀랑 탈지분유 있으면 좀 사 온단다. 두세 시간은 지나야 오겠구만. 마트가 문을 열어 놨어야 할 텐데. 아참, 너, 이제 냉장고 문 열지 마라."

할머니는 마른반찬이라도 해 놔야 한다며 휴대용 버너를 꺼내 놓고 부엌에서 부지런히 왔다 갔다 하셨다.

세 시간쯤 지나 아빠가 돌아왔다. 그 사이 해가 져서 온통 캄캄해졌다. 집에 있는 초란 초는 다 켜 놓았다. 향초 냄새와 멸치볶음 같은 밑반찬 냄새들이 섞여 집에서 희한한 향이 났다. 아빠는 코를 킁킁거리며 눈을 껌뻑였다. 물 한 묶음에 이것저것 먹을 것들과 건전지 여러 개를 어떻게 다 사 들고 왔는지 광휘는 눈이 휘둥그레졌다. 아빠를 보니 새삼스레 너무나 반가워서 와락 안겼다. 땀 냄새가 훅 코를 찔렀다. 그 사이 은휘가 막 낮잠에서 깨어 우는 걸 할머니가 업어 달래고 있었다.

"얼른 가 손하고 발 씻어라. 물 애끼고."

아빠는 욕실로 가다 말고 부엌을 보고 깜짝 놀랐다.

"우와! 엄마, 전쟁 났어요?"

"뭐가."

"감자를 산더미만큼 쪄 놨네. 아니 이걸 누가 다 먹어요?"

"시끄럽다. 정전 나서 이 난리가 났는데 전쟁 통이지 뭐니. 그러는 너는 뭐 택배로 자꾸 전투 식량 같은 걸 시켜 대냐? 숭허게."

"그게 얼마나 유용한데요. 불 없이도 조리되고."

"너 빨리 감자 싸서 병원 가 어멈 좀 들여다봐라. 정전되면 식당도 다 문 닫는단다. 내가 이 쪼그만 거랑 씨름하느라 성휘는 그냥 신경 딱 끊고 있었다. 가엾은 내 새끼. 내가 내 명에 못 산다."

할머니 목소리가 점점 떨렸다.

"알았어요."

아빠는 할머니 양 어깨를 쓰다듬고는 은휘를 받아 안고 볼에 입을 맞췄다. 은휘는 아빠랑 놀고 싶은지 자꾸만 장난감 상자 쪽으로 가자고 보챘다. 아빠가 바로 집을 나서면 은휘가 난리 날 텐데. 그럼 할머니도 더 힘들어질 텐데.

"아빠, 병원에는 일단 제가 갈게요. 자전거 타고 가면 금방 가."

"음, 그럼 그래 줄래? 할머니도 하루 종일 고생하셨으니까 내가 은휘 좀 볼게. 가서 엄마 밥 먹고 좀 쉬게 해 드려."

"응. 아빠, 이따 올 거죠?"

"그럼. 그리고 은행 업무, 현금 인출기 작동 다 중단됐으니까, 돈 필요하면 현금 찾아 놓은 거 써야 한다고 말씀 드려."

광휘는 할머니가 싸 준 도시락과 찐 감자 여섯 개, 시원한 물김치 통을 배낭에 넣고 집을 나섰다. 병원까지는 자전거로 20분쯤 거리이다. 해가 졌는데도 머리를 찜통에 넣은 기분이었다. 길거리에 스마트폰을 손에 쥔 어른들의 발걸음이 초조해 보였다. 어딘가로 급히 뛰어가는 사람들도 보였다. 어둠 속에서 스마트폰 불빛들이 제각기 움직이고 있었다.

도로 위의 신호등은 빛을 잃어 까만색이었다. 평소보다 도로에 차도 더 많은 것 같았다. 교통경찰 아저씨가 헤드라이트를 쓴 채 뒤엉킨 차들 가운데서 연신 호루라기를 불고 있었다. 아스팔트 도로가 뿜어내는 열로 차의 불빛들이 흐물흐물하게 보였다. 최근 몇 년 간 우리나라 여름의 도심 온도는 점점 더 높아지고, 전력 사용량이 급증해서 갈수록 악순환이라는 선생님의 말씀이 떠올랐다. 수업 시간에는 실감이 나지 않

앉았다. 병원까지 가는 길에 눈에 띄는 편의점과 가게들 대부분은 문이 닫혀 있었다. 모든 장면이 낯설었다.

병원에 들어서니 분위기가 어수선했다. 어른들과 병원 직원들, 환자들이 이리저리 어지럽게 움직이고 있었다. 호흡기 내과 병동에 도착하니 병실 앞에서 엄마가 걱정스런 눈빛으로 의사 선생님과 이야기를 나누고 있었다. 병원에 임시 발전기가 가동되고 있지만 한계가 있다는 것 같았다. 도시의 전력 시스템이 최대한 빨리 복구되기를 간절히 기다리는 수밖에 없다고 했다.

"최악의 경우를 대비해 환자를 다른 병원으로 미리 옮겨야 할 수도 있어요. 그런데 지금 아시다시피 도로 상황 때문에 구급차로 이동하기가……. 더 급한 환자도 많고요."

"그럼 저더러 선택을 하라는 건가요? 그걸 이 상황에 제가 어떻게 결정을 하죠?"

"어머니, 지금 신생아 중환자실이나 암 병동, 수술실 같은 경우는 당장 보조 전력이 바닥나면 최악의 상황입니다."

엄마는 아랫입술을 깨물었다. 광휘는 발걸음을 뗄 수가 없었다. 평소에 그토록 차분한 엄마가 금방 울 것 같은 얼굴에, 몹시 피곤해 보였다. 엄마가 병원 복도에 어정쩡하게 서 있는 광휘를 발견하자 금세 놀라고 반가워하는 얼굴이 되었다. 의사 선생님은 복도 끝으로 총총 사라졌다. 엄마는 배낭을 받아 들고 맨손으로 연신 광휘 이마의 땀을 닦아 주었다. 광휘는 엄마 손을 잡고 병실로 들어갔다.

창가 침대에 누운 성휘는 코밑에 호흡기 줄을 달고 눈을 감고 있었다. 광휘가 다가가자 스르르 눈을 떴다. 작은 몸에서 이어진 줄들과 호흡을 돕느라 듬직하게 버티고 있는 산소통 같은 익숙한 기계가 눈에 들어왔다. 성휘가 막내 은휘만 할 때였나, 처음 수술 받은 뒤로 1년에 한 번씩은 입원 치료를 받아야 했다. 작년에 광휘는 학교랑 학원 숙제가 너무 하기 싫어서 입원한 성휘가 차라리 부럽다고 말했다가 엄마한테 호되게 야단을 맞았다.

성휘는 형이 늘 부럽다고 했지만, 광휘는 가끔 성휘가 부러웠다. 하지만 오늘은 아니었다. 광휘는 아픈 둘째도, 막내도, 할머니도, 아빠도, 그리고 엄마도 모두 안됐다고 생각했다. 대정전이니 블랙아웃이니 정말 몹쓸 노릇이다. 빨리 끝나 버렸으면 좋겠다.

엄마가 도시락을 들고 식당으로 간 뒤 광휘는 성휘 곁에 앉았다. 성휘가 씩 웃었다.

"똥쟁이 은똥이는 잘 있나?"

"그럼. 꼬맹이 요새 부쩍 말이 늘어서 별 소리를 다해. 작은오빠 아야 한다고 빨리 낫게 해 달라고 할머니랑 손 붙잡고 기도하더라."

"아아, 우리 막내 보고 싶다."

광휘는 성휘가 아직 바깥 상황을 모르고 있는 것 같아 굳이 얘기하지 않았다. 광휘는 성휘와 이야기도 나누고, 간식 먹으며 만화책도 읽고, 숙제도 조금 했다. 집에 가기는 싫고 잠이 와서 보호자용 침대에 누웠다. 스르르 눈이 감겼다.

얼마나 잤을까. 광휘는 나쁜 꿈을 꾼 듯 소스라치게 놀라며 눈을 떴다. 침대에 성휘도 없고 엄마도 안 보였다. 밤이 깊은 것 같은데 몇 시쯤인지 알 수 없었다. 6인용 입원실은 어둡고 고요했다. 문 쪽 닫혀 있는 커튼 너머로 두런두런 누군가의 작은 목소리가 들려왔다. 기다리면 오겠지 하고 광휘는 침대에 비스듬히 기대어 서랍장 위를 더듬었다. 잠 안 오면 책 읽을 때 쓰라고 갖다 준 휴대용 독서 등을 켜고 서랍을 열었다. 서랍 안에는 먹지 않은 사탕도 있고, 책과 게임용 카드 같은 것들도 들어 있었다. 어릴 때 함께 가지고 놀던 오래된 장난감도 들어 있었다.

'짜식, 유치하긴.'

광휘는 빙긋 웃었다. 뭐가 더 있나 뒤져 보는데 편지 봉투가 눈에 들어왔다. 꺼내어 독서 등으로 비춰 보니 '우리 형에게'라고 큼직하게 써 있었다. 광휘는 심장이 덜컥했다. 왠지 읽으면 안 될 것 같았다. 그러고 싶지 않았다.

'뭐야. 이런 걸 왜 써.'

광휘는 편지를 손에 꼭 쥐고 다시 침대에 누웠다. 어둠 속이었지만 눈앞이 또렷해졌다. 광휘는 벌떡 일어나 허겁지겁 복도로 나갔다. 간호사 데스크를 촛불 여러 개가 밝히고 있었다. 익숙한 얼굴이 성휘가 응급 수술에 들어갔다고 알려 줬다. 병원 복도까지 깜깜해진 걸 보니 성휘의 '산소통'에 정말로 문제가 생긴 걸까? 따지고 보면 이게 다 항상 냉장고 문을 한참 열어 놓고, 에어컨을 하루 종일 틀어 대고, 컴퓨터도 켜 놓고 자고 그래서 그런 걸까? 광휘는 수술실이 있는 복도로 헐레벌떡 뛰어갔다.

엄마가 아빠 어깨에 기대어 앉아 있었다. 광휘를 보자마자 엄마는 양팔을 뻗었다. 광휘는 엄마 아빠 사이에 파고들어 잠시 앉아 있다가 편지를 꺼내 가만히 펼쳤다. 병원 복도 안내 등의 희미한 불빛으로는 글자가 잘 보이지 않았다. 아빠가 휴대폰을 꺼내 손전등 버튼을 눌렀다. 강한 빛이 편지를 뚫어 버릴 것만 같았다. 광휘는 또박또박 쓴 성휘의 글씨를 찬찬히 읽어 내려갔다. 며칠 뒤 광휘의 생일을 미리 축하하고 있었다. 성휘에게 광휘는 언제나 그 이름처럼 환하게 눈이 부신 빛 같은 형이라고 했다.

 광휘는 눈물을 훔치며 수술실 옆 유리창 밖을 바라보았다. 불빛이 사라진 도시 위로 밤하늘에 별들이 빛나고 있었다. 광휘의 눈물에 별들이 자꾸만 가려졌다. 그때 수

술실 자동문이 열리며 환한 형광등 불빛이 쏟아져 나왔다. 마치 기적이 일어난 것처럼 병원 복도의 전등도 한꺼번에 켜졌다. 엄마 아빠가 자리에서 벌떡 일어났다. 광휘는 눈이 부셔 눈을 비볐다. 피곤한 듯하지만 밝은 표정의 의사 선생님이 수술모를 벗으며 걸어 나왔다.

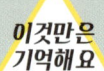

대규모 정전이 일어났을 때 살아남는 방법

블랙아웃, 정말로 일어날까요?

성휘: 형, 블랙아웃이 정말 일어나기도 해?

광휘: 블랙아웃은 대규모 정전 사태를 뜻해. 간혹 갑작스러운 문제로 정전이 일어나는 경우가 있는데, 이런 건 보통 일정 지역에서만 일어나고 한 시간 내로 해결되지. 그런데 장기적인 정전은 얘기가 달라. 여러 가지 해결하기 힘든 문제로 장시간에 걸쳐 일어나는데, 전기가 어느 정도 다시 모일 때까지 무기한 지속되고, 이로 인해 엄청난 혼란과 문제가 발생할 수 있어.

성휘: 정전이 오래가면 불편한 게 많을 거야. 그렇지?

광휘: 불편한 정도가 아니야. 시간이 지남에 따라 엄청난 피해를 가져올 수 있어. 우선 도심 전체에 정전이 발생하면 교통 대란이 일어나. 2~4시간 지속되면 수돗물이 끊기고, 3시간 이상 지나면 가스 공급이 중단되면서 음식점과 주유소 영업이 불가능해져.

성휘: 그것보다 더 지나면?

광휘: 그럼 시장, 백화점, 마트, 편의점 영업이 중단되고, 사재기 현상이 곳곳에서 일어나 혼란한 상황이 되겠지. 그 과정에서 사람이 다치기도 하고. 또 관공서나 금융기관 업무가 불가능해져서 엄청나게 불편해지겠지. 4~6시간이 지나면 고층 건물과 지하철에 사람들이 고립될 우려가 있고, 8~12시간이 지나면 공항, 항만, 병원의 기능이 멈추면서 그야말로 엄청난 인명 피해랑 경제적 손실이 발생하게 돼. 18시간 이상 지나면 공중전화, 인터넷, 휴대폰이 불통되고, 24시간 이상 지속되면 통신망이 두절되고 곳곳에서 범죄가 일어나 말 그대로 대혼란이 오는 거지.

성휘: 와, 피해가 눈덩이처럼 불어나네. 무서운 재난이구나.

정전이 일어나면 이렇게 대처해요

광휘: 정전이 되면 다시 전기가 들어왔을 때를 대비해야 해. 일단 화재를 일으킬 만한 전열 기구의 플러그를 빼야겠지. 그 전에 전기 공급이 중단되면 엘리베이터, 기계식 주차장, 가스와 수도 공급 등도 멈춘다는 점을 기억해야 해. 휴대용 충전기나 건전지 같은 것들은 늘 준비해 두고, 한밤중 정전에 대비해서 손전등이나 촛불 등을 가족 모두 찾기 쉬운 곳에 두어야 해.

성휘: 평소에 얼린 페트병을 냉동실에 보관하면 좋다고 할머니가 말씀하셨어. 정전 중에는 가능하면 냉장고 문을 열지 말고 아이스박스를 이용하는 게 낫겠지.

광휘: 전기가 오랫동안 안 들어올 것 같으면 사재기는 자제하되, 조리 과정 없이 먹을 수 있는 비상식량을 어느 정도 준비해 두는 것이 좋을 거야.

성휘: 그래서 할머니가 마른반찬을 막 만드셨구나. 아빠는 인터넷에서 전투 식량을 주문하시고.

광휘: 우리는 대가족이고 아기도 있으니까, 아무래도 먹는 것까지 미리 신경 써 놓으면 조금은 안심이 되지.

평소 전기를 절약하는 습관이 중요해요

광휘: 정전이 일어나지 않도록 모두의 노력이 필요해. 평소에 쓰지 않는 플러그는 반드시 뽑아 두도록 해. 또 사용한 전자 기기는 반드시 꺼 두고. 전기밥솥이나 전기포트의 보온 기능은 되도록 오래 켜 놓지 않는 게 좋겠지.

성휘: 더운 여름에 너도 나도 에어컨을 세게 틀어 놓기 보다는 자연스럽게 무더위를 극복하는 방법을 각자 찾아야겠어. 겨울에도 전력을 많이 쓰는 전열기 사용은 줄이고, 쓰지 않는 전등은 꺼 두자.

광휘: 냉장고에서 뭔가를 찾거나 꺼낸다고 문을 한참 열어 두는 것도 전기 낭비라는 것 잊지 말아야겠어.

배가 기우뚱!

"엄마, 제주도 언제 도착해요? 빨리 가고 싶어."

윤지네 가족은 여객선 식당 칸에서 아침을 먹고 객실로 막 올라온 참이었다.

"조금만 더 가면 돼. 슬슬 답답하지?"

"응. 그리고 오빠가 자꾸 놀리니까 화나."

어제부터 오빠와 티격태격하다가 아빠한테 혼이 난 윤지는 기분이 나빴다. 어제 저녁만 해도 여객선에 탑승하며 끝도 없이 밀려드는 사람들과 차량들이 신기하고 마냥 신이 났었다. 배가 이 많은 것들을 싣고 파도를 가르며 제주도까지 간다니! 교복을 입은 언니들, 오빠들은 단체로 여행을 가는지 하도 웃고 떠들어서 잠깐 귀를 틀어막기도 했다.

"답답하면 갑판에 나가든지. 어제처럼 위험하게 난간 앞에서 까불고 싸우면 앞으로 다시는 여행 없어."

"이윤지가 자꾸 귀찮게 해요."

"내가 언제! 오빠랑 진짜로 안 놀아!"

엄마는 재혁이의 머리를 한 번 쓰다듬고, 윤지를 품에 안았다.

"둘이 간식 사 먹을래? 여보, 우리도 갑판 나가 바람 쐬자."

"이윤지, 가자. 아이스크림 사 줄게."

재혁이의 말에 윤지는 못 이기는 척하며 일어섰다.

"동생 손 잘 잡고 다녀."

"여기 은근히 복잡하니까 길 잃어버리지 말고."

엄마와 아빠가 한 마디씩 거들었다.

"길 잃어버리긴, 그래 봤자 배인데."

"너희 먹을 것 사 가지고 갑판으로 올라와. 어제 우리 노을 본 데 알지? 깃발 기둥 있는 데."

"넵!"

아빠의 말에 재혁이가 씩씩하게 대답했다. 객실에서 나와 복도를 걸어가며 재혁이가 윤지의 후드 티 모자를 잡아당기자 윤지가 뿌리쳤다.

"하지 마! 빨리 가기나 해."

"이윤찡, 내 용돈으로 사 주는 거다. 그만 좀 찡찡대라."

둘은 스낵바가 있는 지하 1층으로 내려갔다. 재혁이는 윤지에게 소프트 아이스크림을 사 주고 의기양양한 표정을 지었다. 설탕이 뿌려진 추로스를 사서 받아 들고는 윤지의 아이스크림을 쳐다보며 말했다.

"나 한입만."

윤지는 재혁이를 빤히 보았다. 짠돌이 오빠가 용돈까지 썼는데, 이제 그만 봐 줄까 하고 생각했다. 윤지는 오빠에게 아이스크림을 내밀며 말했다.

"이빨로 끊어. 침 묻히지 말고."

"야, 아이스크림을 어떻게 이빨로 끊냐."

재혁이가 어이없어 하며 아이스크림을 받아 들려는 찰나였다. 어디선가 쿵 하는 소리가 들리더니 갑자기 배가 기우뚱 했다. 윤지가 몸을 휘청하며 아이스크림을 놓쳤다. 하얀 크림이 바닥에 푹 하고 퍼졌다.

"아!"

그때 다시 한 번 굉음이 들렸다.

"쿠구궁! 기잉!"

커다란 소리와 함께 배 전체가 흔들렸다. 사람들이 여기저기서 비명을 질렀다.

"오, 오빠!"

놀란 윤지가 재혁이의 옷을 붙들었다. 어느새 바닥이 기울어져 있었다. 판매대 쪽의 물건들이 막 쏟아지기 시작했다. 머그컵과 그릇이 깨지고 빨대가 바닥에 뒹굴었다. 재혁이가 허둥지둥 윤지를 감싸 안으며 외쳤다.

"잘 잡아!"

겁먹은 윤지가 오빠 허리춤을 꼭 쥐고 울기 시작했다. 재혁이는 어쩔 줄 몰랐다. 객실로 올라가야 하나? 배가 왜 이러지? 재혁이는 윤지의 팔을 잡고 무작정 한 걸음을

떴다. 그때 옆에 있던 형이 재혁이에게 손짓했다. 형은 기둥을 잡고 있었다.

"얘들아, 이쪽으로 와! 위험해!"

형은 재혁이가 윤지 어깨를 감싸 안고 다가가자 둘을 얼른 끌어당겼다.

"이렇게 기둥에 기대고 있어."

그때 비상벨이 반복해서 울렸다. 스피커에서 안내 방송이 흘러나왔다.

"비상 상황입니다. 비상 상황입니다. 모두 선내에 비치된 구명조끼를 입고 잠시 대기하시기 바랍니다! 승무원들은 모두 신속히 움직이기 바랍니다!"

사람들이 웅성거렸다. 심각한 얼굴로 안내 방송을 듣던 고등학생 형이 아이들 이름을 물었다.

"나는 태준이야. 부모님 어디 계시니?"

"객실에요. 근데 갑판으로 가신다고 했어요. 형, 휴대폰 좀 빌려줄래요?"

"어, 그래. 자."

재혁이는 배터리를 충전하느라 휴대폰을 두고 온 것이 후회됐다. 태준이의 휴대폰을 받아 들고 키패드를 눌렀다. 단축키만 눌러 버릇해서 갑자기 엄마 번호가 헷갈렸다. 정신을 가다듬고 제대로 누르자 마침내 통화 대기음이 들렸다. 아무리 기다려도 응답이 없었다. 이번에는 아빠에게 걸었다. 마음이 다급해서 몇 번 잘못 눌렀다. 아빠 역시 응답이 없었다. 벌써 갑판으로 나가신 걸까? 아빠, 엄마는 괜찮으신 걸까?

태준이는 울상인 재혁이와 윤지를 번갈아 보았다.

"너희 부모님도 아마 너희를 찾고 있을 거야. 당황해서 이리저리 움직이면 서로 엇갈리거나 위험할 수 있어. 너희가 여기 있는 거 아시는 거면 그냥 여기 있는 게 나아."

재혁이는 우는 윤지의 팔을 꼭 잡았다.

"울지 마, 윤지야."

재혁이도 눈물이 나지만 꾹 참았다. 엄마 아빠가 없을 때는 오빠가 윤지를 잘 돌봐야 한다고 할 때마다 그럴 일이 있을까 했는데, 지금이 바로 그 순간이다.

그때 쿠궁 소리와 함께 배가 좀 더 기우는 것 같았다. 기둥이 없으면 기울어진 쪽으로 미끄러질 것 같았다. 사람들이 비명을 지르고, 가판대에서 떨어진 포크와 집기들이 한쪽으로 미끄러져 내려갔다. 전자레인지가 쿵 하고 바닥에 떨어졌다.

"여기요, 이것 좀 나눠 주세요!"

아이스크림을 팔던 승무원이 자루에 든 구명조끼를 나눠 주기 시작했다. 어떤 사람은 자기 먼저 입고, 어떤 사람은 옆 사람들에게 넘겨주고 있었다. 태준이가 소리쳤다.

"여기 애기, 애기들 있어요!"

윤지가 콧물을 훔치고 재혁이에게 속삭였다.

"나, 애기 아닌데."

그 말을 들은 태준이가 빙긋 웃었다.

"어, 미안. 윤지, 일곱 살이라고 그랬지? 내년이면 학교 들어가겠네."

"우리 오빠는 중학생 돼요."

윤지가 눈을 깜빡이며 말했다.

여학생 한 명이 몸에 중심을 잡아 가며 기울어진 바닥을 걸어 아이들 쪽으로 다가왔다. 그리고 구명조끼 세 개를 건네줬다.

"얼른 입히자."

태준이는 윤지부터 입혔다. 재혁이가 스스로 입기 시작하자 옆에 있던 어른이 버클 끼우는 것을 도와주었다.

"너희들, 신발은 벗는 게 좋을 것 같아. 배가 이렇게 기울어서 아무래도 나가게 될 것 같은데."

근처 아저씨 말에 어리둥절한 아이들이 동시에 아저씨 발을 쳐다봤다. 아저씨는 이미 맨발이었다.

"오빠, 발 시려운데. 바닥 더러운데 신발 왜 벗어?"

윤지가 갸웃거리자 태준이가 애써 웃는 얼굴로 대답했다.

"우리, 수영해야 할 수도 있나 봐. 수영할 때 신발 안 신고 하잖아."

재혁이는 순간 불안한 마음이 들었다. 그래도 아이들은 하라는 대로 신발을 벗고 양말도 벗었다.

"오빠, 근데 저 언니는 왜 구명조끼 안 입어?"

아이들이 보니 승무원이 여전히 구명조끼를 열심히 나눠 주고 있었다. 더 입을 사람이 없는 것을 확인하더니 다른 자루를 끌다시피 하며 어디론가 급히 가져갔다. 누군가가 놓친 구명조끼가 기운 바닥으로 미끄러져 내려갔다.

스피커가 지직거리고 안내 방송이 다시 흘러나왔다.

"비상호의 선장입니다. 승객 여러분은 당황하지 마시고 침착함을 유지하시기 바랍니다. 지금부터 모두 갑판 위로 대피하시기 바랍니다. 모두 구명조끼를 착용하시고 차례를 지켜 갑판 위로 나가시기 바랍니다."

사람들이 웅성거리자 누군가 조용히 해 보라며 소리쳤다. 일순간 스낵바가 조용해졌다.

"저는 이 여객선의 총책임자로서 한 사람도 빠짐없이 모두 구조될 수 있도록 최선을 다하겠습니다. 우리 승무원 여러분은 모두 최선을 다해 승객들의 대피를 돕기 바랍니다. 그럼, 육지에서 뵙겠습니다."

선장님 목소리가 조금 떨리는 듯했지만 어쩐지 안심이 됐다.

"저 쪽, 그리고 이 쪽 오른쪽 출구로 빨리 나가세요!"

승무원 옷을 입고 있는 아저씨가 소리쳤다.

기울어진 바닥을 걸어 출구를 향해 나아가려니 마치 언덕을 오르는 것 같았다. 앞쪽에서 웅성거리는 소리가 들렸다.

"비상구 문이 안 열려요!"

"창문 깨요. 도끼! 도끼!"

누군가 비상용 도끼가 있는 곳을 가리켰다. 어른들이 근처 사람들을 물러서게 했다. 어떤 아저씨가 손도끼를 꺼내 왔다. 옆 사람이 점퍼를 벗어 파편이 튀지 않도록 유리에 대자 창문을 향해 도끼를 여러 번 힘껏 내리쳤다. 와장창 소리와 함께 유리창이 깨졌다. 테두리에 붙은 유리를 떼어 내고, 아저씨가 유리창 턱에 힘껏 올라가 앉았다. 태준이가 나섰다.

"여기 아이들이 있어요!"

태준이가 아이들을 떠밀다시피 했다. 재혁이는 윤지의 손을 꼭 붙잡고 앞쪽으로 나아갔다. 바닥이 약간 기울었지만 맨발이니 덜 미끄럽고 걷기가 괜찮았다. 팔에 힘을 꼭 주었다. 키즈 카페에서 암벽 등반 하는 것과 비슷했다. 그때였다.

"기이이잉! 쿵!"

무거운 쇠가 어딘가에 긁히고 부딪히는 소리와 함께 배가 좀 더 기울었다. 스낵바에 있던 물건들이 바닥에 다 떨어졌다. 서랍이 모두 열리고 그 안의 물건들까지 쏟아졌다.

"위험해요!"

"비켜! 어서!"

사람들의 외침과 동시에 다른 쪽 벽에 서 있던 자판기와 사물함이 벽에서 뜯어지듯 떨어져 나와 그대로 넘어졌다. 혼비백산한 사람들이 반대편 벽에서 옆으로 서로 밀치며 피했다. 뒹구는 물건들을 밟기도 하고 엎어지기도 하며 온통 아수라장이었다. 윤지가 귀를 막고 울어 댔다. 재혁이는 윤지 손 위에 자기 손을 얹고 태준이에게 기대어 창문 앞까지 다다랐다. 어른들이 차례로 들어 올려 주자 마침내 창문 밖으로 간신히 빠져나갈 수 있었다.

갑판 위로 나가자 깃발이 마구 흔들리고 있었다. 배가 기울어진 데다 바람이 세차게 불어 몸을 가누기 힘들었다. 태준이는 윤지와 재혁이를 계단 난간에 기대게 했다. 그나마 서서 버티기가 좀 편했다. 윤지가 다시 훌쩍였다. 멀찌감치 헬리콥터 여러 대가 비상호 주위를 돌고 있었다. 갑판 위에는 벌써 사람들이 많았다. 엄마랑 아빠는 어디 계신 걸까? 혹시 무리하게 스낵바로 우리를 찾으러 가신 건 아닐까? 재혁이와 윤지는 까치발을 하고 두리번거렸지만 키 큰 어른들이 너무 많아서 아무것도 보이지 않았다. 태준이가 몸을 숙였다.

"재혁이, 윤지, 잘 들어."

재혁이와 윤지는 고개를 끄덕였다.

"만약의 경우에는 물로 뛰어들어야 해. 너희, 수영할 줄 아니?"

윤지는 고개를 끄덕이며 재혁이를 걱정스럽게 쳐다봤다. 재혁이는 물을 무서워했다. 오히려 동생인 윤지는 어릴 적부터 물을 좋아하고 수영도 금방 배웠지만, 재혁이는 간신히 평영만 하는 정도였다. 재혁이의 잔뜩 긴장한 얼굴을 보고 태준이가 어깨를 쓰다듬었다.

"못 해도 괜찮아. 구명조끼가 있으니까. 구명조끼만 입고 있으면 물에 절대 가라앉지 않아."

윤지는 무서운 것도 잊고 갑자기 오빠가 걱정되었다.

"오빠, 나 수영 잘 하니까. 내가 오빠 구명조끼 위에, 여기에 달린 끈 꼭 잡고 있을게. 걱정 하지 마. 응?"

재혁이는 긴장된 와중에도 꼬맹이 윤지의 말에 울컥했다. 태준이가 미소 지었다.

"윤지, 정말 씩씩하다! 재혁아, 형도 옆에 있을 거니까. 걱정하지 마."

재혁이는 눈물을 얼른 훔치고 고개를 세게 끄덕였다.

"그리고 힘을 아껴야 하니까, 물에 들어가게 되면 헤엄치지 말고 되도록 눕듯이 떠 있어야 해. 발장구만 살살 쳐. 알겠지?"

이번에는 윤지도 함께 고개를 끄덕였다.

"그리고 내가 근처에 있을 테지만 만약에 손을 놓치거나 사람들이 헤엄쳐 가라고 소리치면 배에서 최대한 멀리 있는 힘을 다해 헤엄쳐야 해. 알겠지?"

둘은 고개를 끄덕였다.

"그래. 헤엄치다 도저히 안 되겠다, 힘이 빠졌다 싶으면 다시 누워. 주변에 튜브나 둥둥 떠 있는 물건이 있으면 그걸 붙잡고 있어도 되고. 할 수 있지?"

그때 누군가 소리쳤다.

"구명벌을 띄웁니다!"

"저기 배들 좀 봐!"

옆에 서 있던 학생이 소리치자 태준이는 다른 배들이 모두를 구하러 오고 있다고 했다. 윤지가 까치발을 하자 재혁이가 윤지를 계단 위로 올라갈 수 있게 도왔다. 조금 더 올라가니 바다가 잘 보였다. 눈앞에 수십 대의 크고 작은 배들이 다가오고 있는 게 보였다. 윤지보다 키가 큰 어른들의 머리를 내려다 볼 수 있었다. 배의 난간 쪽까지 보였다. 사람들은 긴장한 얼굴로 웅성거리거나 조용히 옆 사람과 붙들고 있었다.

"안 돼요. 안 된다구요!"

"들어가야 해요. 애들이 있어요! 우리 애들이요!"

웅성거림을 가르고 익숙한 목소리가 들렸다. 윤지는 그 쪽으로 고개를 돌렸다. 엄마였다. 엄마는 정신이 나간 사람처럼 보였다. 100여 명쯤 되는 사람들 너머, 엄마와 아빠가 건너편 출입구 쪽으로 들어가려는 것 같았다. 아직도 사람들이 나오고 있었다. 쏟아지듯 나오는 사람들과 뒤엉켜 엄마가 무리하게 들어가려고 하자 승무원들이 말리는 것 같았다. 다른 소리는 들리지 않았다. 엄마가 미친 사람처럼 울부짖고 있었다.

"엄마! 엄마! 아빠!"

윤지가 목청껏 소리쳤다. 재혁이가 힘을 보탰다. 둘은 있는 힘을 다해 소리쳤다.

그때 아빠가 남매를 발견했다. 아빠는 엄마를 흔들어 아이들을 가리켰다. 엄마는 아이들을 보자마자 기둥에 묶인 깃발이 흔들리듯 손을 올려 세차게 흔들며 제자리에서 펄쩍펄쩍 뛰었다. 알 수 없는 말로 울부짖는데 분명한 것은 윤지와 재혁이의 이름이었다. 엄마는 이쪽으로 손을 뻗으며 다가오기 시작했다. 사람들 사이를 헤치다가 누군가에게 밀쳐졌다가 하며 아빠와 함께 다가왔다.

"아아, 윤지야! 재혁아! 아아!"

엄마가 몸을 휘청이며 거의 아이들 근처까지 왔다. 윤지와 재혁이는 어서 엄마 아빠 품에 안기고 싶었다.

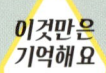

배가 침몰할 때 살아남는 방법

해양 사고는 어쩌다 일어날까요?

재혁: 비바람으로 풍랑을 만난 배가 침몰하는 건 영화에서 봤어요. 그런데 멀쩡히 가던 배가 사고를 당하는 건 왜 그런 거예요?

태순: 안전 불감증 때문일 거야. 화물을 적정량보다 많이 싣고, 정비를 소홀히 하거나 너무 오래된 배를 제대로 점검하지 않은 채 운항한다든지, 운전을 부주의하게 하는 경우 등 원인은 무수히 많아. 화재가 일어나거나 배끼리 충돌하는 경우도 있는데, 결국 대부분 사람의 잘못인 거지.

해양 사고, 이렇게 대처해요

윤지: 그런데 오빠, 처음에 배 탔을 때 뭘 그렇게 두리번거렸어?

재혁: 너, 저번에 우리 비행기 타고 여행 갔을 때 기억나지? 비행기는 좌석마다 비상시 안내 책자가 있잖아. 승무원 누나가 비상구 위치랑 구명조끼 입는 법을 설명해 주기도 하고. 그런데 여객선은 그렇지 않은 경우가 많아서 배에 타면 우선 안을 둘러보는 게 좋대. 비상구 방향이랑 위치도 확인하고, 비상벨이나 도끼 보관함도 눈여겨보고.

윤지: 도끼 보관함?

재혁: 응. 비상시에는 도끼로 창문을 깨고 탈출해야 할 수도 있으니까.

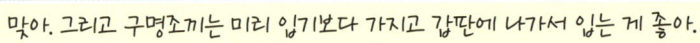

태순: 맞아. 그리고 구명조끼는 미리 입기보다 가지고 갑판에 나가서 입는 게 좋아.

재혁: 왜요? 미리 입으면 안 돼요?

태순: 많은 사람이 구명조끼를 입고 한꺼번에 좁은 문으로 빠져나가기가 어려워서 그래.

윤지: 그렇겠네. 다들 몸집이 이렇게 커질 테니까.

태준: 비상문으로 탈출할 때는 꼭 질서를 유지하고 침착하게 밖으로 나가야 해. 급히 물로 뛰어들어야 할 경우를 대비해서 신발은 벗는 게 나아. 물속에서 움직이기 쉽게. 그리고 작은 배에 탔을 경우에는 사람들이나 짐이 한곳으로 쏠리지 않도록 주의하면서 내려야 해. 우왕좌왕하거나 갑자기 한쪽으로 몰리면 배가 급하게 기울거나 뒤집어져서 위험에 처할 수 있어.

재혁: 그런데요 형, 물로 뛰어들어야 하는 상황인데 수영을 잘 못하면 어떻게 해요?

태준: 구명조끼만 입고 있으면 괜찮아. 물에 빠지면 힘쓰는 행동을 최대한 자제해서 에너지를 아껴야 해. 물 위에 눕듯이 떠서 머리를 젖히고 팔과 다리를 천천히 젓거나, 주변에 둥둥 떠 있는 물건을 붙들고 있는 게 좋아.

윤지: 참, 구명조끼에 호루라기도 달려 있어요!

태준: 다 있는 건 아닌데, 호루라기가 있으면 구조 배가 다가왔을 때 호루라기를 불어 위치를 알리면 돼. 그리고 물에 빠져 허우적거리는 사람을 직접 구조할 때는 반드시 뒤에서 겨드랑이 사이로 팔을 넣거나 팔을 잡아서 헤엄쳐 끌고 가야 해.

재혁: 안 그러면 같이 위험해질 수도 있는 거지요?

태준: 응. 물에 빠진 사람은 정신이 없어서 무언가 손에 닿으면 본능적으로 누르면서 고개를 내밀려고 하거든. 잘못하면 같이 빠질 수도 있어. 마지막으로 알아 둬야 할 점이 있어. 배가 침몰할 때 배 주변에 소용돌이가 생겨. '와류 현상'이라고 하는데, 여기에 말려들면 물속으로 빨려 들어갈 수 있어서 위험해. 이때는 무조건 배에서 멀리 헤엄쳐 가야 해.

재혁: 어휴, 당황하니까 엄마 아빠 전화번호도 생각이 안 나더라고요.

태준: 요즘에는 가족이나 친구의 전화번호도 외우지 못하는 경우가 있는데, 비상시를 대비해 가까운 사람들의 연락처는 꼭 외워두도록 해. 급히 연락해야 하는데 휴대폰이 없으면 다른 전화로 걸어야 할 수도 있으니까 말이야.

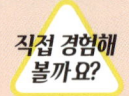

재난을 겪어 보고 대처법을 배우는
안전 체험관

🪖 서울 시민 안전체험관

여러 종류의 재난 상황에 대해 알려 주는 기관이에요. 지진이나 태풍 등 바깥에서 일어나는 자연재해와 교통사고, 영화관 화재 등 실내에서 일어나는 인명 재해에 어떻게 대처해야 하는지 배울 수 있어요. 광나루 안전체험관은 주로 6세 이상의 어린이를, 보라매 안전체험관은 청소년과 어른을 위한 프로그램을 진행해요.

광나루 안전체험관 : 서울특별시 광진구 능동로 238 / 02-2049-4061
보라매 안전체험관 : 서울특별시 동작구 여의대방로20나길 16 / 02-2027-4100

🪖 부산 119 안전체험관

안전을 주제로 재미와 교육을 접목해 자연스럽게 즐기면서 안전 교육을 받을 수 있도록 다양한 체험 시설이 마련되어 있어요. 특히 부산의 특성을 감안해 태풍·지진·원전 체험 등을 할 수 있어요. 또한 전국 최초의 전기 안전체험관을 포함해 도시 재난, 자연 재난, 생활 안전 등 7개 코스, 23개 체험 코너도 있어요. 온라인 예약 시 명단을 작성하면 체험 수료증을 발급받을 수 있어요.

부산광역시 동래구 우장춘로 117 / 051-760-5870

🪖 대전 119 시민 체험센터

실질적인 소방 체험을 통해 화재 등 재난에 대한 위험성을 인식할 수 있게 하는 체험관이에요. 일상생활에서 일어날 수 있는 응급 상황과 위기에 대처할 수 있는 능력을 키우기 위해 다양한 프로그램을 운영하고 있어요. 지진, 생활 안전 체험, 소화기·옥내 소화전 조작 체험, 심폐소생술, 완강기 체험 등 재난 유형에 따라 코스별로 체험할 수 있어요.

대전광역시 서구 복수서로 63 / 042-270-1133

🪖 대구 시민 안전테마파크

지하철 안전, 생활 안전, 심폐소생술, 지진 안전, 옥내 소화전 사용 등 다양한 안전 체험 교육 프로그램을 운영하고 있어요.

대구광역시 동구 팔공산로 1155 / 053-980-7777

🪖 부평 안전체험관

2015년 6월에 문을 열었어요. 지진과 풍수해 같은 자연 재해부터 생활과 교통안전, 지하 공간 탈출, 승강기 탈출과 같은 건물·인명 재해까지 여러 대처 방법을 배워 볼 수 있지요. 부평 안전체험관은 요일마다 체험할 수 있는 프로그램이 달라요. 원하는 체험을 하려면 미리 홈페이지에서 그 체험이 언제 이루어지는지 확인해야 해요.

인천광역시 부평구 굴포로 110 / 032-509-3940

🪖 충청남도 안전체험관

다양한 위기 상황 속에서 어떻게 행동해야 하는지 알려 주는 체험관이에요. 지진, 풍수해와 같은 자연 재해와 집 안이나 고층 건물에서 만날 수 있는 건물 재난, 감염으로 인한 질병 예방 등을 경험하고 배울 수 있어요. 어린이는 물론 어른들도 유익한 안전 정보를 얻어 가는 곳이에요. 본격적인 재난 교육은 7세 이상의 어린이부터 받을 수 있어요.

충청남도 천안시 동남구 태조산길 267-17 / 041-559-9700

🪖 충북 안전체험관

2021년 문을 열어 최신 기술로 재난의 직간접 체험이 가능해요. 현대사회 다양해진 재난에 즉각 대처할 수 있도록 대처능력을 기를 수 있는 안전교육 기관이에요. 화재 안전체험, 재난 안전체험, 어린이 안전체험 등 다양한 교육을 받으며 재난에 대처하는 방법을 배울 수 있어요. 재난 전문가인 소방관들과 함께 각 상황을 극복하며 유사시 대처능력을 기를 수 있어요. 생애 주기에 맞게 체험 프로그램이 구성되어 있어 예약 전 체험 연령 확인은 필수예요.

충청북도 청주시 상당구 다리실로 241 / 043-220-4898

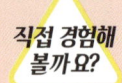

⛑ 양산시 시민 안전체험관(어린이 안전체험관)

5세 이상 유치원생부터 어른들까지 양산 시민이라면 누구나 재난 안전 체험을 할 수 있는 기관이에요. 소화기 사용법부터 심폐소생술, 화재와 지진 대피 등 여러 재난 상황에 대처하는 방법을 배울 수 있어요. 양산시 시민 안전체험관은 민방위 훈련 날을 제외한 날에 신청할 수 있어요. 오전과 오후에 각각 60명씩만 체험자를 받기 때문에 미리 예약하는 게 좋아요. 유치원생과 초·중·고등학생들은 인솔 교사가 동행해야 해요.

경상남도 양산시 양산대로 849(북부동) / 055-392-5547

⛑ 전북 119 안전체험관

총 10만m²의 넓은 부지에 네 가지 테마로 나눈 열 개의 체험동과 자연친화적 야외 체험 시설이 갖춰져 있어요. 유아에서 어른까지 수준에 맞춰 다채로운 형식으로 재난 안전 체험을 할 수 있어요. 우선 재난 종합 체험동은 총 11종의 전시와 체험 시설을 이용해 각종 재난 대처 능력을 스토리텔링으로 구성한 체험동이에요. 위기탈출 체험동은 국내 최초로 여러 도전 시설과 재난 안전시설을 접목한 시설이에요. 어린이 안전마을은 마을 형태로 만든 유아 전용 재난 안전 체험 시설로 아시아 최초라고 해요. 물놀이 안전체험장은 여름철에 빈번히 발생하는 물놀이 사고에 대처하는 방법을 배우는 곳이지요.

전라북도 임실군 임실읍 호국로 1630 / 063-290-5676

⛑ 365 세이프타운

대규모로 조성된 재난 체험관이에요. 안전 교육에 놀이를 결합한 테마파크로서, 크게 세 곳으로 이루어져 있어요. 한국 청소년 안전체험관에는 산불, 지진, 풍수해, 테러 등 다섯 개의 재난 체험관이 있어요. 놀이 시설도 있어서 교육 체험을 받는 중간에 쉬어 갈 수도 있지요. 챌린지 월드에는 번지점프와 트리트랙 등 도전해 볼 수 있는 체험 기구들이 마련되어 있어요. 강원도 소방학교는 체계적인 소방 교육을 실시해요. 건물이 각각 떨어져 있는데 곤돌라를 타고 10분 안에 이동할 수 있어요.

강원도 태백시 평화길 15 / 033-550-3101

경기 해양 안전체험관

국내 최초 해양 안전 전문 체험관이에요. 해양 재난과 사고를 대비한 안전지식과 생존기술을 배울 수 있어요. 해양 안전 매뉴얼관, 선박생존관, 응급처치 실습관, 해양 생존기술 실습관으로 구성되어 있어 해양 안전에 대한 다각도 교육을 받고 체험 할 수 있어요. 특히 대형 수조를 이용한 생존수영과 선박 비상 탈출법을 배우는 해양 생존 체험과 이안류 체험까지 총 3개의 대형 수조 체험장에서 해양 재난 대비 실전 프로그램도 체험할 수 있어요.

경기도 안산시 단원구 대부황금로 1546 / 032-890-5011

제주 안전체험관

섬이라는 지역적 특성을 반영해 선박과 항공기 특성화 체험관을 갖추고 있어요. 총 21개 체험종목의 맞춤형 종합 체험 프로그램을 체험하고 재난현장 전문가인 소방관의 가이드로 재난 및 안전사고 발생 시 스스로 행동하는 방법을 배울 수 있어요.

제주특별자치도 제주시 애월읍 평화로 1885 / 064-710-4010

분당 어린이 안전체험관

경기도 성남시 분당구 문정로 40 / 0507-1320-9501

시흥 어린이 안전체험관

경기도 시흥시 배곧4로 94-52 / 031-310-6758

빛고을 국민안전체험관

광주광역시 북구 능안로30번길 3 / 062-606-480

경상남도 안전체험관

경상남도 합천군 용주면 고품부흥1길 10-28 / 055-211-5497

행복 안전체험관

울산광역시 남구 여천로 40 / 052-227-9003

리스컴 · 종이책이 펴낸 책들

화학의 거장이 들려주는 진짜! 화학 수업
진정일의 화학 카페

60년간 화학자의 길을 걸어온 세계적 석학 진정일 교수의 진짜! 화학 수업이 시작된다. 일상 속 화학 현상을 시작으로 신비하고 놀라운 화학 이야기, 인류 문명 속 화학 그리고 화학이 만들어 낼 놀라운 미래까지 화학의 거의 모든 것을 쉽고 재미있게 풀어냈다. 커피 한 잔의 여유와 함께 당신의 지적 호기심을 채울 수 있는 화학 입문서가 되어 줄 것이다.

진정일 지음 | 316쪽 | 148×210mm | 18,000원

읽다 보면 푹 빠지는 유전자 박사님의 생명과학 강의
내 몸 안의 거울, DNA 이야기

난치병의 예방과 치료, 고갈되는 식량과 작물 병해충의 해답인 '유전자'의 모든 것을 주변의 예시와 최근 실험 결과들로 친절하게 풀어썼다. 유전자를 해독하듯 재미있는 이야기들을 통해 유전자의 기초 지식을 알아가고, 미래를 대비할 과학적 해답을 얻게 될 것이다.

이영일 지음 | 256쪽 | 152×223mm | 18,000원

과학으로 세상 읽기
세상을 바꾼 과학 이야기

위대한 발견과 발명, 그리고 그것을 이뤄낸 사람들에 관한 이야기. 공학박사이자 과학 칼럼니스트인 저자는 해박한 지식과 자료를 바탕으로 과학을 인문학의 관점에서 풀어냈다. 기적의 섬유 나일론의 발명, 인간보다 먼저 우주를 비행한 개, 풀리지 않는 수수께끼 투탕카멘의 비밀 등 놀랍고 흥미로운 이야기가 가득하다. 어렵고 복잡하게만 느껴지던 과학 이야기를 쉽고 명쾌하게 설명했다.

권기균 지음 | 256쪽 | 152×223mm | 15,000원
2012 문화체육관광부 우수교양도서

원리 중심의 쉬운 설명으로 머릿속에 쏙!
한눈에 쏙 들어오는 한글 맞춤법

국립국어원에서 공표한 어문 규정을 바탕으로 하여 한글 맞춤법을 체계적이면서도 알기 쉽게 설명한 책이다. 맞춤법과 띄어쓰기, 외래어 표기법, 문장 부호 등 규범은 물론이고, 혼동하기 쉬운 말과 한문 투의 말, 일본말에서 온 말 등 잘못 사용하는 말의 순화어까지 한 권에 담았다. 이해하기 쉬운 설명과 실생활에서 응용할 수 있는 풍부한 예문, 실력을 점검할 수 있는 연습문제까지. 이 책을 차근차근 읽어나가다 보면 매일 쓰는 우리말 실력이 향상되는 것을 알 수 있다.

공주영 감수 | 192쪽 | 188×245mm | 14,000원

아이들에게 꿈과 진로를 찾아주는
꼬리 물기 독서법

꼬리 물기 독서란 한 권의 책을 읽은 후 그 책의 주제와 관련된 다른 책을 읽어가는 독서법이다. 관심 있는 분야의 책을 읽기 때문에 훨씬 재미있고 깊이 있게 책을 읽을 수 있고 진로 선택에도 도움이 된다. 꼬리 물기 독서를 시작할 때 읽으면 좋은 책들을 철학, 역사, 문학 등으로 구분해 다양하게 소개했고, 연결성 있는 책 읽기로 자신의 꿈을 실현한 다양한 청소년들의 실제 사례도 풍부하게 담았다.

유순덕 지음 | 216쪽 | 152×223mm | 13,000원

유네스코 세계문화유산 마을 여행
역사가 숨 쉬는 세계 별별 마을

재미있는 이야기를 통해 세계의 역사와 문화를 아이들에게 자연스럽게 알려주는 책. 마을 전체가 세계문화유산으로 지정된 유네스코 세계문화유산 마을 10곳을 소개했다. 터키 이스탄불, 이탈리아 피렌체, 오스트리아 잘츠부르크, 페루 쿠스코 등 천 년의 역사와 문화가 살아 숨 쉬는 마을을 함께 여행하다 보면 이야기 속에 빠져들게 된다. 마을 지도도 함께 수록해 더 실감 나고 흥미롭다.

이정주 지음 | 168쪽 | 180×240mm | 11,200원

유익한 정보와 다양한 이벤트가 있는
리스컴 블로그로 놀러 오세요!

홈페이지 www.leescom.com
리스컴 블로그 blog.naver.com/leescomm
페이스북 facebook.com/leescombook

재난에서 살아남는 10가지 방법

지은이 | 강로사 류재향
그린이 | 이창섭

편집 | 김소연 홍다예 이희진
디자인 | 정미영 한송이
마케팅 | 장기봉 이진목 김슬기

인쇄 | HEP

초판 1쇄 | 2018년 1월 10일
초판 7쇄 | 2024년 9월 1일

펴낸이 | 이진희
펴낸곳 | 종이책(리스컴)

주소 | 서울시 강남구 테헤란로87길 22, 7151호(삼성동, 한국도심공항)
전화번호 | 대표번호 02-540-5192
　　　　　편집부 02-544-5194
FAX | 0504-479-4222
등록번호 | 제2-3348

이 책은 저작권의 보호를 받는 출판물입니다.
이 책에 실린 이미지와 글의 무단 전재 및 복제를 금합니다.
잘못된 책은 바꾸어 드립니다.

종이책은 리스컴 출판사의 아동서 브랜드입니다.

ISBN 978-89-94149-39-4 73190
책값은 뒤표지에 있습니다.